国家社科基金项目"云南人口较少民族信息贫困的现状、成因及多维减贫对策研究"成果

朱明 著

云南人口较少民族
信息贫困研究

INFORMATION POVERTY OF
ETHNIC GROUPS
WITH SMALL POPULATION IN YUNNAN

社会科学文献出版社
SOCIAL SCIENCES ACADEMIC PRESS (CHINA)

目　录

图表目录

|第一章|

绪 论

第一节　背景与意义

一　研究背景

信息技术带来的人类信息交换方式的飞跃式变革，对多民族国家的民族关系和社会发展产生了越来越明显的影响[1]。在多数社会发育程度落后的贫困地区，少数民族对于外界信息认知结构的意识分化、个体生活方式的差距逐渐导致其获取信息的能力弱化和条件缺失[2]。因此，为我国边远落后的少数民族地区提供基本的信息服务，是推进我国少数民族发展的重中之重[3]。在信息迅速传播的过程中，信息获取及交换的不平等不仅反映了社会的整体公

---

① 周竞红：《网络信息与民族关系》，《民族研究》2003 年第 2 期，第 19 页。
② 王虹：《少数民族地区信息需求与服务研究——以齐齐哈尔市农村为例》，《图书情报工作》2010 年第 16 期，第 54 页。
③ 李世举：《民族地区公共信息服务模式与发展对策》，《当代传播》2014 年第 1 期，第 63 页。

平状况，而且在很大程度上影响社会其他领域的发展[①]。正因如此，信息基础设施不完善、边缘化社群及弱势群体的信息需求得不到满足等问题已被视作信息社会的核心问题，受到越来越多的关注，当前信息社会中的交换结构、感知意识与层级规范等方面都发生了深刻的变化，但边缘化社群及弱势群体的信息实践几乎总是处于劣势[②]。

第 43 次《中国互联网络发展状况统计报告》显示，在中国，62.3% 的非网民为农村人口，占农村人口总数的 68.4%[③]。与此同时，《中国网民搜索行为调查报告》显示，互联网搜索服务用户主要集中于城市地区，农村地区的搜索用户仅占全国用户总数的 17.4%[④]。中国国家信息中心 2013 年发布的《中国数字鸿沟报告》表明，少数民族地区的物理接入和 ICT 基础设施建设与全国平均水平相比存在较大差距[⑤]。信息技术在促进弱势群体及边缘社群的社会融合过程中，尤其是在促进其融入信息社会的过程中发挥了不可替代的作用。越来越多的学者发现，有效的信息搜寻、传播和利用能够积极地促进弱势群体和边缘社群的社会融合与自身发展。因此，这个问题已成为多学科研究的焦点，如社会学、传播学、图书情报学等。随着研究的深入，越来越多的研究者发现，一些社会经济文化处于弱势地位和边缘区域的群体（如少数民族、农

---

① 于良芝等：《当代中国农民的信息获取机会——结构分析及其局限》，《中国图书馆学报》2013 年第 6 期，第 9 页。

② 丁建军等：《农村信息贫困的成因与减贫对策——以武陵山片区为例》，《图书情报工作》2014 年第 2 期，第 75 页。

③ 第 43 次《中国互联网络发展状况统计报告》，国家互联网信息办公室官网，http://www.cac.gov.cn/2019 - 02/28/c_1124175677。

④ 《中国网民搜索行为调查报告》，中国互联网络信息中心官网，http://www.cnnic.net.cn/hlwfzyj/hlwxzbg/ssbg/201801/P020180109484661983457.pdf。

⑤ 《中国数字鸿沟报告》，国家信息中心官网，http://www.sic.gov.cn/News/287/2782.htm。

民、难民、无家可归的流浪者等），在融入信息社会的过程中会面
临较大的困境①。对少数民族而言，其语言、文化、地域、族群的
特殊性，使研究者在关于他们如何更好地融入信息社会这一问题
的认识上还缺乏更多的证据和关注。与此同时，随着社会信息化
进程的加快，少数民族通过融入信息社会来促进自身发展，能够
在很大程度上影响全球多民族国家的社会安全和稳定②，促进少数
民族的文化传承和文化保护③。因此，无论是从促进社会融合（包
容）的角度，还是从延续文化多样性的角度，这一研究主题都应
该引起研究者更多的关注和思考。

二 研究意义

在中国，人口较少民族（Ethnic Minorities with Small Popula-
tion）是对总人口在 30 万人以下民族的总称，全国有 28 个人口较
少民族，共计约 189 万人，占我国总人口的 1/1000④，他们绝大多
数居住在偏远的边境和山区，社会经济发育程度较低，其所处的
信息环境比较封闭并缺乏与外界信息的交换⑤。

云南作为中国人口较少民族数量最多的两个省（区、市）之
一，在复杂的区域背景下（其居住地包含直过民族、跨境民族、

---

① A. C. Gordon, M. Gordon, and Dorr, "Native American Technology Access: The Gates Foun-
dation in Four Corners", *Journal of The Electronic Library* 21 (2003): 428 – 434.

② Haihe Jin and Jian Liang, "How Should the Chinese Government Provide Information Services
for Mongol Ethnic Minority", *Journal of Government Information Quarterly* 32 (2015): 82 –
94.

③ T. J. Du and J. Haines, "Indigenous Australians' Information Behaviour and Internet Use in
Everyday Life: An Exploratory Study", *Journal of Information Research* 22 (201): 737.

④ 《国务院关于印发"十三五"促进民族地区和人口较少民族发展规划的通知》（国发
〔2016〕79 号），中国政府网，http://www.gov.cn/zhengce/content/2017 - 01/24/content_
5162950.htm。

⑤ 王铁志：《人口较少民族研究的意义》，《黑龙江民族丛刊》2005 年第 5 期，第 110 页。

其他少数民族、汉族及边境流动人口）考察其信息贫困的现状及成因，能够对国家近期正在或即将实施的民族、扶贫、公共文化服务等政策在具体落实推进、扶持阶段及周期、投入资源总量等方面提供有效依据。

结合云南人口较少民族信息贫困的现状和成因，制定信息减贫对策，能够为其信息化基础设施建设、信息服务供给及个体信息素质的提高提供政策启示，并为其他人口较少民族的信息化发展提供借鉴。

有效识别云南人口较少民族信息贫困的成因，将释放政策动力与激发内生潜力相结合，以价值和利益合理引导其信息需求，提升其信息获取的能力，能够使其共享国家发展成果，逐渐摆脱极度贫困和过度封闭的处境。

通过解决云南人口较少民族的信息贫困问题来提升其获取信息、自由融入社会、自主参与市场的能力，有利于社会稳定、边疆安全、民族团结、文化融合。

验证已有研究在人口较少民族这一特殊情境下的解释效用，分析其信息贫困现状、成因及多维减贫对策，是对已有信息贫困、信息行为、信息服务等研究的考察视域和适用条件的延伸和拓展。

第二节　创新与内容

分别从研究对象、研究方法以及人口较少民族的族群特征和地域特点介绍了本研究的创新点，同时概述了本研究的基本内容和主体框架。

一 研究创新点

少数民族因为族群特征和地域生活的不同而使其信息需求具有差异性，应该根据生活习惯和传统习俗对其信息需求进行生活状态和预期目标上的划分。通过信息源、信息环境和信息搜寻行为对人口较少民族信息贫困的现状进行综合考察，结合现状及其信息需求、获取、利用来识别信息贫困的成因。笔者深入云南人口较少民族信息实践的具体情境来考察其信息贫困，区别于以往研究分层化的考察视角和归因解释，同时对已有学术思想进行了继承和拓展。

运用问卷调查、深度访谈等方法，通过质性研究和量化研究的结合来考察云南人口较少民族信息贫困的现状、成因，根据国家、社会、机构及自身因素来综合考察其信息减贫对策，是对已有研究中可行性和有效性要素进行系统融合的尝试。

少数民族信息贫困的理论解释认为经济因素是制约少数民族地区信息生态平衡的主要原因。经济因素决定着个体发展空间、生存居住空间，以及信息交换空间，由此导致的地域劣势、低收入和教育水平低等使少数民族的信息基础设施落后、信息购买及利用能力不足。虽然少数民族的信息获取会受到上述因素的影响，但归根结底取决于信息资源配置的权力与利益之间的关系，两者的关系决定了他们在生产生活、教育发展、社会交往、行动选择、休闲娱乐的过程中与非少数民族群体存在显著的信息获取差异。

少数民族中家庭权威和宗教领导等意见领袖的影响力、知识鸿沟分化严重、族群社会资本聚集等因素也会导致其信息需求及获取的"不对称"。云南人口较少民族的信息贫困不等同于一般意义上弱势群体的信息贫困，发展水平落后、语言文化障碍、信息需求差异，决定了其信息贫困成因及对策的复杂性、特殊性，其社会区位特征与民族文化特质使任何一种分层化解释都可能遗漏一些极其重要却又十分隐蔽的致贫因素。

少数民族地区信息服务和媒介发展的空间不足和水平滞后、信息服务开发利用层次和信息技术共享体系的缺失都会使少数民族对信息来源的选择和判断具有不确定性，这种不确定性会增加其信息获取的障碍和成本[①]。与此同时，如何应对信息资源和信息技术对族群互动的负面影响，不仅涉及技术层面的问题，还涉及对信息资源的内容及少数民族偏好的契合进行有效管理、少数民族信息素养的提高、少数民族信息服务机构的建立等多方面问题。

云南人口较少民族信息贫困的减贫对策需要建立在现状及成因分析之上，通过整体性视角来考察其信息贫困，并综合考虑多元力量对其发展可能存在的意义。单一帮扶力量和减贫措施既可能造成其接触外部信息的机会和意愿在某些方面的缺失，也可能忽视对其信息素质提升存在多维和交互的可能性。

缺乏与外界信息的交换，造成了云南人口较少民族视野、需求和结构的单一，削弱了外部信息能够给其带来发展和创新的可能性。本书以个体的状态和特征为影响个体信息实践的主要因素来对主体特征、个人的社会角色和社会环境三种情境因素进行考察，可以扩大以往对于少数民族信息实践研究中主体特征所包含的内容。

---

① 周竞红：《网络信息与民族关系》，《民族研究》2003 年第 2 期，第 19 页。

二　研究内容及框架

本书通过对云南人口较少民族信息实践的深入调研，运用问卷调查、深度访谈等方法，将质性研究和量化研究结合起来考察云南人口较少民族信息贫困的现状、成因及其多维减贫对策。总体来看，本书主要包括以下几点内容。

第一章为绪论，提出选题的现实和理论背景，确定研究问题和意义，介绍研究的总体思路及内容框架。

第二章为理论溯源，对人口较少民族信息贫困的考察需要通过不同的理论解释搭建分析框架，包括信息搜寻、信息贫困和数字包容。

第三章为调研设计，介绍调研样本的概况及特征，从而结合全书的内容和思路选出调研样本，最后从总体上呈现数据收集与分析的情况。

第四章为云南人口较少民族的信息实践，将云南省西双版纳傣族自治州基诺山境内的基诺族和布朗族、怒江傈僳族自治州贡山独龙族怒族自治县境内的独龙族和怒族作为调查样本，通过面对面发放问卷、深度访谈等方式收集样本数据，采用描述统计、开放编码的方法分析样本数据，并在此基础上进一步识别云南人口较少民族日常信息实践的影响因素。

第五章为云南人口较少民族圆周生活下的信息搜寻。将云南省西双版纳傣族自治州基诺山境内的布朗族作为调查样本，考察云南人口较少民族的世界观和社会规范，描述他们共同的生活理念和相似的生活习惯，以及他们对于周围事物的理解所依赖的共同规范和价值，从而发现小世界情境对他们信息搜寻的影响。

第六章为云南人口较少民族族群认同下的信息传播。将怒江傈僳族自治州贡山独龙族怒族自治县境内的龙元村作为调研地点，通过实地调研，系统考察信息在云南人口较少民族村落中个体层面的传播过程，通过问卷调查和实验观察初步还原其信息传播的具体情境，在此基础上采用扎根理论构建信息在云南人口较少民族个体层面的传播模式。

第七章为云南人口较少民族跨文化背景下的信息适应。将云南省西双版纳傣族自治州景洪市的基诺族作为调查样本，考察人口较少民族对于外部信息环境的适应过程，其中涉及心理适应层次的多维性和社会适应环节的多层次性。

第八章为云南人口较少民族信息贫困所面临的现实问题及对策分析。长期以来，我国绝大多数少数民族地区的信息化程度显著低于全国平均水平，少数民族自身语言、文化、地域、族群的特殊性，使政府及社会团体、机构等在对他们如何能够更好地获取信息资源及服务的认识上，还缺乏更多的证据和足够多的思考。本书在对云南人口较少民族信息实践进行系统考察的基础上，确保在族群认同和文化传承的前提下来思考如何逐渐增加和提升他们主动获取和利用信息资源及服务的机会、意愿和能力。

在此基础上，通过四个阶段的研究来系统考察云南人口较少民族信息贫困的现状，识别其在信息实践过程中可能存在的致贫因素，从国家、机构及个人三个层面来探究云南人口较少民族信息贫困问题的解决对策，拟分八个章节进行写作，具体结构如图1所示。

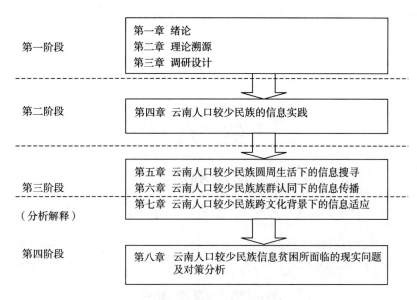

图1 全书框架结构

第二章

理论溯源

第一节　信息搜寻

信息搜寻是为了达成特定目标而展开的信息搜索，包括积极的搜寻行为和消极的搜寻行为、有意识的搜寻行为和无意识的搜寻行为、客观情境下的搜寻行为和意义建构下的搜寻行为等[①]。

一　基于情境的信息搜寻

20 世纪初，以主体的生活情境为影响因素的研究认为不同的社会角色和个人的生活方式会影响人们的信息搜寻[②]。一方面，信息搜寻行为发生的情境可以被设定为对日常生活固定信息和任务导向特定信息的识别、获取、利用的外部环境及个体在适应外部环境时所呈现的主体特征[③]，并将信息搜寻行为的核心过程概括为

①　P. Wilson, *Public Knowledge, Private Ignorance*, Westport, CT: Greenwood Press, 1997.

②　R. Savolainen, *Everyday Information Practices: A Social Phenomenological Perspective*, Lanham, MD: Scarecrow Press, 2008.

③　R. Savolainen, "Time as a Context of Information Seeking", *Journal of Library and Information Science Research* 28 (2006): 141 – 163.

信息需求的确认和表达、选择潜在信息资源、获取信息资源[1]。另一方面,信息视野理论通过对主体在自己的信息视野场景地图中构建起来的优先顺序,包括主体对信息源的感知、信息利用方式和信息分享对象的选择所排列的优先顺序,来识别和描述影响信息搜寻的因素,并呈现这些因素对个体信息搜寻行为的作用过程[2]。

情境作为信息搜寻研究中涉及内容最为广泛的因素,能够有效地解释发生在信息搜寻行为中不同影响因素间的关系和作用,因为很多时候我们仅仅通过常识很难解释不同群体、不同文化、不同职业背景下发生的信息搜寻行为之间为什么会有如此大的差异,同时也难以对类似的信息搜寻行为进行有效的预测,因此,情境对于信息搜寻行为的考察具有不言而喻的重要意义[3]。信息搜寻的情境(客观化情境)与发生在信息搜寻过程中的主体意识(解释性情境)需要分别对其进行解释和描述,因此我们可以将超出主体意识构建的情境要素(信息政策、社会经济发展水平、信息技术、文化背景等)看作信息搜寻行为发生的容器(如小世界理论、信息场理论、信息使用环境理论、生活方式理论等),而个体信息搜寻过程中主体意识所构建的要素(成长经历、认知结构、情感特征等)可以被看作个体的意义建构(信息视野理论)。情境涉及的要素相对复杂,因此难以通过整体性研究和全面性考察来完成对情境的定义,只能通过不同情境因素作用下的信息搜寻行为来积累经验、观察数据,从众多偶然性中发现情境要素影响信

---

① R. Sabilainen, "Small World and Information Grounds as Contexts of Information Seeking and Sharing", *Journal of Library and Information Science Researc* 31 (2009): 38 – 45.

② D. Sonnenwald, "An Integrated Human Information Behavior Research Framework for Information Studies", *Journal of Library and Information Science Research* 21 (1999): 429 – 457.

③ D. Sonnenwald, "Evolving Perspectives of Human Information Behaviour: Contexts, Situations, Social Networks and Information Horizons", Proceedings of the 2nd International Conference on Research in Information Needs, Seeking and Use in Different Contexts, 1998, pp. 176 – 190.

息搜寻的理论解释。

目前在信息搜寻行为的相关研究中，多数研究将主体特征作为信息搜寻行为情境因素的考察，包括对个体呈现情感、性格、认知等方面的考察，其中生活方式理论建立在个体对社会文化的影响因素如思维方式、认知水平和感知内容的逐渐内化所形成的日常生活方式之上，包括日常决策中最为固化和稳定的情境要素（工作与休闲的时间关系、消费模式和兴趣爱好等），个体的信息搜寻行为通常会受到上述情境要素的影响从而形成不同的生活控制方式来重新建立符合自己需求和情感导向的生活方式，进而产生新的信息来源选择秩序和处理方式①。信息视野理论通过对信息搜寻行为发生的特定场景和行为边界下主体特定信息视野的考察，描述主体在自己的信息视野场景中对不同的信息资源（同事、朋友、家人、咖啡厅、图书馆、医院等）构建起来的优先顺序，包括主体对信息源的感知、信息利用方式和信息分享对象的选择所排列的优先顺序，来识别和描述影响信息搜寻的因素，并呈现个体基于信息视野所构建的优先顺序对信息的开发、搜寻、过滤、使用和传播的过程②。

查特曼借鉴四个概念——小世界、社会规范、世界观和社会类型，概念化了圆周生活中的小世界情境③。其中，小世界会成为

---

① R. Sabilainen, "Everyday Life Information Seeking: Approaching Information Seeking in the Context of the Way of Life", *Journal of Library and Information Science Research* 17 (1995): 259 – 294.

② D. Sonnenwald, B. M. Wildemuth, and G. Harmon, "A Research Method Using the Concept of Information Horizons: An Example from a Study of Lower Socio-economic Students' Information Seeking Behavior", *Journal of The New Review of Information Behavior Research* 2 (2001): 65 – 86.

③ E. A. Chatman, "Life in a Small World: Applicability of Gratification Theory to Information-seeking Behavior", *Journal of the American Society for Information Science* 42 (1991): 438 – 449.

其成员跨越边界向外部搜寻信息的障碍，在小世界内部，大家共享意见和社群规范（语言、习俗、传统等），成员之间产生强烈的认同感，使他们不再接收不属于小世界内部的信息。社会规范是小世界内部建构的行为准则，提供了对事物的规范性、正确性和可接受性的共同感知，为小世界内部成员提供秩序感和方向感。世界观是小世界成员所持有的集体信念和共同价值，为小世界内部成员的行为提供价值系统和选择集合。社会类型是与其他成员在角色和特征上的划分，包括局内人和局外人的划分。小世界中的"社会规范"决定小世界成员对信息需求的感知、信息渠道的选择及信息价值的判断；小世界成员对信息的吸收与运用跟小世界成员独特的"世界观"紧密相关并选择被小世界内部认可的信息来源；"社会类型"中局内人和局外人的界限，使他们很少主动向外部世界寻求信息，从而加剧了他们的信息贫困。

于良芝将信息搜寻行为发生的情境概括为以下三类[1]：首先是个人的主体特征，也就是个体的经历、性格、认知以及情感等可以作为当前特定信息行为的情境，因为这些特征体现着个人作为行为主体的意义建构过程；其次，个体所扮演的社会角色会在某种程度上影响其信息搜寻过程中的价值判断和来源选择，因为不同的社会角色所赋予个体的情境因素会随着角色的变化而呈现较大的差异；最后，个人所处的环境因素（社会、经济、政治、文化等）会影响其信息搜寻过程中的认知操作、行动导向和情感态度。

二 少数民族的信息搜寻

从一般信息搜寻的研究来看，少数民族的信息搜寻会受到所

---

① 于良芝：《图书馆情报学概论》，国家图书馆出版社，2016，第28页。

处的地域环境、社会文化、生活习惯、族群特征的影响。从目前来看，研究者们发现在少数民族日常信息搜寻过程中，经济上的贫困、物质生活上的资源缺乏、教育水平和语言能力、文化传统和族群特征等都可能使少数民族搜寻信息的需求、意愿以及情感受到相应的限制，在种种限制条件下，其信息搜寻通常可能集中在一些特殊领域，获取信息的来源和渠道也可能较其他群体更为固定。

关于信息需求，有研究认为少数民族所处的地理位置、经济上面临的贫困处境以及基础教育资源的缺乏使他们的信息需求通常会存在一定的局限性①，如少数民族的高贫困率和低收入使他们很少愿意主动承担信息利用的成本，同时低识字率及信息素养的缺乏，使他们对外部信息的有效及完整理解受到很大程度的限制②。也有研究进一步指出，除了地域、经济和教育因素，少数民族的信息需求还会受到自身所处的社会环境中文化相关性因素和生活习惯的影响，一方面由于受到所处地域和传统的影响，特别是生活习惯和宗教传统的影响，他们会对外部信息产生偏见，从而使这些因素可能影响他们的信息需求③；另一方面，他们对外部信息的获取和利用存在语言和文化上的障碍，使外部社会所提供的信息和信息服务通常难以契合他们在文化认同、行为习惯以

① 张月琴、张小倩、杨峰：《民族村落信息贫困形成机理研究——以四川凉山州彝族村落为例》，《图书馆论坛》2018 年第 8 期，第 40 页。

② L. E. Dyson, "Wireless Applications in Africa", *Journal of Information Technology and Indigenous People* (2007): 286 – 294.

③ N. C. Yeh, "A Framework for Understanding Culture and Its Relationship to Information Behaviour: Taiwanese Aborigines' Information Behaviour", *Journal of Information Research* 12 (2007): 303.

及情感态度上的需求，从而进一步限制他们的信息需求[1]。还有研究发现，他们的信息需求与日常生活息息相关，因此往往跟其他群体的信息需求存在一定差异，如他们更倾向于关注农业、气候、宗教等方面的信息[2]。

关于信息获取，有研究认为信息源和信息需求的限制会导致少数民族在信息获取的意愿和态度上倾向于产生更多的障碍和束缚。一方面，他们会担心外部信息在获取过程中的易用性、成本以及直观成效，从而使他们在一开始接触外部信息时就可能存在一定程度的排斥心理；另一方面，他们会因为自身对于外部信息的理解和获取存在诸多障碍而可能放弃使用外部信息及服务，因为他们在自己的社会关系网络中还有很多选择[3]。也有研究进一步指出，少数民族的教育和文化水平不高[4]，这使他们趋向于利用传统和简易的信息及信息服务，对于新兴 ICT 技术和服务的获取和使用意愿也在很大程度上取决于这些技术及服务的最终使用效果以及效果的直观程度[5]。还有一些研究发现，少数民族的信息利用会受到社会文化关联性和差异性的影响。一方面，少数民族因为担心外部信息对已有生活状态和规则的同化和破坏，从而畏惧和不信任陌生环境所提供的信息及信息服务，进而导致他们对外部信

---

[1] S. C. Lilley, "Information Barriers and Maori Secondary School Students", *Journal of Information Research* 13 (2008): 373.

[2] L. Ma, J. Chung, and S. Thorson, "E-government in China: Bringing Economic Development through Administrative Reform", *Journal of Government Information Quarterly* 22 (2005): 20 – 37.

[3] 杨峰、赵珊:《西南民族村落信息贫困:一个小世界生活情境的分析框架》,《图书馆论坛》2018 年第 8 期, 第 17 页。

[4] H. W. Meyer, "The Influence of Information Behaviour on Information Sharing Across Cultural Boundaries in Development Contexts", *Journal of Information Research* 14 (2009): 393.

[5] T. J. Du & J. Haines, "Indigenous Australians' Information Behaviour and Internet Use in Everyday Life: An Exploratory Study", *Journal of Information Research* 22 (2017): 737.

息的使用持怀疑态度，当他们确定会对内部规则和认同造成破坏时，就会拒绝使用外部社会所提供的现代信息技术和信息服务①。另一方面，由于语言文化方面存在差异，他们跟外部信息的交换存在诸多障碍，再加上大多数外部信息和信息服务都是采用主流的官方语言，使他们很多时候因为缺乏帮助和导向而产生适应性障碍，从而进一步降低使用意愿②。

关于信息分享，有研究认为少数民族生活的地域通常都远离现代社会发展的中心，他们对于外部社会不同文化之间的信息交流和沟通会存在理解上的偏差③，从而形成对外部信息的选择和过滤，尤其是对内部价值、规范和准则存在冲击和破坏的信息④。也有研究指出，在少数民族内部，由于受到口述文化和传统知识的约束，他们会共享很多传统和文化，具有大致相同的认知结构和沟通方式，这种同质性使一般情况下符合内部规范的信息在群体成员之间能够更快和更自由地分享⑤。还有研究发现，尽管外部信息服务和信息技术能够影响少数民族内部的信息传播，但是以人际关系为主的面对面交流仍然是他们信息分享的主要方式，尤其是涉及敏感信息时⑥。

---

① R. Kamira, "Te Mata O Te Tai—The Edge of the Tide: Rising Capacity in Information Technology of Maori in Aotearoa New Zealand", *Journal of The Electronic Library* 21 (2003): 465 –475.

② L. Spencer, "The Impact of Cultural Values on Maori Information Behaviors", *Journal of Libri* 62 (2012): 27 –39.

③ 井水：《新疆少数民族农村青年社会融合信息需求实证研究》，《图书馆论坛》2016 年第 10 期，第 49 页。

④ M. Hughes & J. Dallwitz, "Towards Culturally Appropriate IT Best Practice in Remote Indigenous Australia", *Journal of IGI Global: Information Technology and Indigenous People* (2007): 146 –158.

⑤ J. M. Larson & J. I. Lewis, "Ethnic Networks", *Journal of American Political Science* 61 (2017): 350 –364.

⑥ B. J. Berman & W. J. Tettey, "African States, Bureaucratic Culture and Computer Fixes", *Journal of Public Administration and Development* 21 (2001): 1 –13.

综上所述，少数民族的信息搜寻跟他们长期以来的生活环境和传统文化密切相关，本书将在已有研究的基础上，进一步考察云南人口较少民族的生活环境及族群特征会如何影响他们的信息搜寻。

第二节　信息贫困

"信息贫困者""信息弱势群体""信息被剥夺群体"等社会群体的存在，已经逐渐成为信息社会融合背景下需要关注的问题。与此同时，学术界对信息贫困问题的关注几乎与研究者对社会经济活动中的信息交换同步，如贝尔、马克卢普等学者对信息的社会学及经济学意义的关注。在更广泛的学术视野下，这一问题已成为传播学、图书情报学、社会学和伦理学等多个学科的研究热点。

一　信息贫困的理论解释

关于信息贫困，不同学科的解释对象和视角存在一定差异，已有研究根据信息获取的差异、信息技术的扩散、信息吸收的能力、信息利用的差距来界定信息贫困。其中，信息政治经济学认为，信息资源配置的利益关系决定了信息的非均衡分布，从而导致部分地域的信息供给匮乏和缺失①。信息政治经济学源于 20 世纪初，当时文化传媒已经成为社会经济活动中的重要产业，信息技术和信息资本已经成为市场经济运作过程中的重要调节因素，同时

---

① H. I. Schiller, *Information Inequality: The Deepening Social Crisis in America*, New York: Routledge, 1996, pp. 233 – 241.

信息公平也成为公民有效参与民主政治的保障，上述重要背景推动学术界开始关注信息与社会发展、经济发展及政治结构之间的关系。信息政治经济学的学术背景主要源于马克思政治经济学派和制度经济学派，其主要是运用政治经济学概念和方法分析社会关系中权力配置和资源交换过程中信息的产生、获取及交换的学科，研究主题包括信息传播对社会经济文化的影响、信息资本对信息产业及市场机制的影响、信息获取和利用的公平对个体政治参与及民主制度的影响等，具体的研究包括信息公平的原则和实践如何受到社会经济体制的影响、信息市场分化对边缘社群和被排斥群体的影响、信息资产分化对社会阶层固化的影响因素等。

社会排斥理论认为，个人在遭受政治、经济、社会、文化等排斥的状态下必然缺乏获取信息的机会和能力，从而成为信息意义上的贫困者[1]。社会排斥理论是关于社会排斥过程中个体或群体的边缘化状态以及社会参与过程中全面剥夺的理论。社会排斥首先表现为个人无法控制的贫穷和低收入，还包括社会强加于个人的歧视、教育程度低和生活环境差等。信息贫困从社会结构分层和分化来看可以被认为是社会排斥的重要形式，因为在社会排斥过程中，被排斥的个体和群体通常难以通过自身的力量获取社会活动过程中所必需的信息资源和信息技术，甚至从某种意义上来说会被社会排斥所剥夺，从而导致其无法有效地获取或识别信息。

创新扩散理论认为任何成功扩散的创新都会经历从革新者、早期采纳者、早期追随者到滞后者的逐步扩散过程，并根据创新扩散过程的规律提出信息技术扩散过程中的滞后者即贫困者[2]。

---

[1] M. C. Kim, "Digital Divide: Conceptual Discussions and Prospect", *Journal of Human Society and the Internet*, *Proceedings* 21 (2001): 78 – 91.

[2] E. M. Rogers, *Diffusion of Innovations*, New York: Free Press, 2003, pp. 5 – 7.

创新扩散可以理解为被个人或其他采用者视为新颖的思想、实践和实物等通过特定渠道在一段时间里向社会成员扩散从而促进文化渗透、社会变革和经济增长的过程。现代信息技术作为 20 世纪最重要、最有影响力的创新之一，被广泛应用于人们的日常生活中，使所有社会成员都有可能成为现代信息技术的潜在采纳者，但社会经济发展水平、基础设施、信息政策、文化传统、社群特征、区域位置等因素导致一些社群成为信息技术扩散过程中的"滞后者"。

小世界信息贫困理论认为生活在贫弱小世界的人群共享特定的行为规范、世界观、社会类型划分标准，从而决定了他们的信息需求、信息源选择倾向、信息获取习惯和信息相关性判断，并且他们处于自我保护的状态，对外界信息采取封锁和隔断的方式，从而导致了弱势小世界的信息贫困①；其中小世界情境会影响小世界成员跨越边界向外部搜寻信息，因为在小世界内部，大家共享意见和社群规范（语言、习俗、传统等），成员之间会因此产生强烈的认同感，使他们忽视了不属于小世界内部的信息来源和渠道。社会规范是小世界内部建构的行为准则，有着对事物的规范性、正确性和可接受性的共同感知，为小世界内部成员提供秩序感和方向感。世界观是小世界成员所持有的集体信念和共同价值，为小世界内部成员的行为提供价值系统和选择集合。社会类型是与其他成员在角色和特征上的划分，包括局内人和局外人的划分。

个人信息世界理论认为，信息主体受资源、机会等因素限制而构建的狭小的个人信息世界导致了其信息贫困。如果按内容、

---

① E. A. Chatman, "The Impoverished Life World of Outsiders", *Journal of the American Society for Information Science* 47 (1996): 193 – 206.

边界、动力三个基本要素来定义个人信息世界，可以将其定义为由空间、时间、智识三个边界限定的信息主体活动领域。在这里，信息主体通过信息实践从物理世界、客观知识世界、主观精神世界的信息源中获取信息，积累信息资产，其中信息贫困边界狭小、内容贫乏、动力不足的个人信息世界反映了信息主体的信息贫困[①]。

基于上述理论对信息贫困概念的阐释，已有研究针对不同群体及个人信息贫困的考察主要通过对信息源的数量类型、质量关联性、社会角色针对性，以及资源渠道匹配程度等的描述来揭示信息贫困现象；也有研究通过对不同个人及群体所处社会结构中涉及的政策制度、文化差异、技术创新等社会化因素来阐释信息贫困的现象。除此之外，还有一些研究主要基于信息主体在信息搜寻过程中的需求、能力、认知等因素来判断和解读不同的个人及群体所面临的信息贫困现象。

二 少数民族的信息贫困

已有研究发现少数民族所面临的信息贫困处境很大程度上是因为在社会经济发展过程中，信息流动与信息技术在社会结构中的差异化扩散和非均衡分布，这导致信息技术扩散过程中少数民族获取信息的机会缺失，获取信息的能力和意愿相对较低，信息需求缺失或得不到满足[②]；同时，已有研究发现信息技术可以像文字、纸张等变革性工具给少数民族的日常生活和文化传承带来的改变一样，通过对少数民族本土化特征的融合性适应和有针对性

---

① 于良芝：《"个人信息世界"——一个信息不平等概念的发现及阐释》，《中国图书馆学报》2013 年第 1 期，第 4 页。

② G. Burnett, *Information Worlds: Social Context, Technology, and Information Behavior in Age of Internet*, New York: Routledge, 2010, pp. 192 – 217.

的培训来消除少数民族在信息获取的背景、特征等方面存在的障碍，逐渐促进少数民族在信息获取意愿、机会、能力等方面的融合与发展，提升其获取、利用、吸收信息的能力[1]。

已有研究认为少数民族信息贫困的成因较其他弱势群体存在自身的复杂性和特殊性，主要包括以下几个方面。第一，语言障碍。少数民族自身面临的语言交流困难以及由此产生的对外界信息资源及服务的碎片化理解通常是其信息需求、信息获取及信息利用的主要障碍[2]。第二，文化跨越。少数民族的信息获取很大程度上依赖其长期生活所形成的封闭的文化环境，使其对外界的信息供给服务缺乏信任并担心自身的经历和原有知识结构与外来文化的契合度不高[3]。第三，需求差异。不同少数民族及少数民族中不同类型的群体基于自身的族群特征和文化特性会有不同的信息需求，其信息交换的场域、意愿、结构等通常存在较为明显的差异性[4]。第四，发展乏力。一些少数民族对外界给予的无偿扶持产生了强大的依赖惯性，从而在很大程度上使其与外界的物质和信息交换过少[5]。第五，信息政策。缺乏推进少数民族社会融合的信息政策通常会使其信息获取难以获得有效的外界支持[6]，从而导致

① K. Jager, "Information Literacy in Practice: Engaging Public Library Workers in Rural South Africa", *IFLA Journal* 33 (2007): 313–322.

② S. F. Tanackovic, "Public Libraries and Linguistic Diversity: A Small Scale Study on the Slovak Ethnic Minority in Eastern Croatia", *Libri* 62 (2012): 47–55.

③ L. Spencer, "The Impact of Cultural Values on Maori Information Behaviors", *Libri* 62 (2012): 27–39.

④ G. H. Alana, "The Atsilirn Protocols: A Twenty-first Century Guide to Appropriate Library Services for and about Aboriginal and Torres Strait Islander Peoples", *Journal of the Australian Library Journal* 63 (2014): 135–149.

⑤ F. Islam, "Indigenous Communities, Tourism Development and Extreme Poverty Alleviation in Rural Bangladesh", *Journal of Tourism Economics* 22 (2016): 645–654.

⑥ Roy Loriene, "Building Tribal Community Support for Technology Access", *The Electronic Library* 24 (2006): 517–529.

信息获取机会的缺失[1]。

　　已有研究对少数民族信息贫困应对策略的分析主要集中在以下几个方面。其一，国家通过发布相关信息政策在公共领域加强少数民族地区的信息资源建设及服务推广。其二，社会力量通过项目推广在少数民族地区开展信息获取和技术媒体利用的相关学习及培训。其三，公共信息机构通过提供免费、均等、无差别的保障服务给予少数民族群体获取信息的机会。其四，外部社会可以通过引导少数民族的自身发展来提升其获取信息、融入社会的能力。

　　其中多数研究认为以下应对策略能够有效解决少数民族的信息贫困问题：国家通过发布针对少数民族信息化发展的公共信息政策对当前信息基础设施及相关资源服务进行整体性和规划性配置[2]，主动承担少数民族地区信息化建设和信息服务的责任[3]。公共信息服务机构向少数民族提供信息服务会面临较为复杂的情形[4]，图书馆免费无差别的延伸服务[5]，目前已被证明是最有效的服务方式[6]，同时还包括其他机构的信息服务供给[7]，特别是在少数民族

① R. Heeks, "Information Systems and Developing Countries: Failure, Success, and Local Improvisations", *The Information Society* 18 (2002): 101 – 112.

② P. T. Jaeger, "Information Policy, Information Access, and Democratic Participation: The National and International Implications of the Bush Administration's Politics", *Government Information Quarterly* 24 (2007): 840 – 859.

③ T. Kirsten, "Indigenous Voices in the State Library of New South Wales", *The Australian Library Journal* 65 (2016): 19 – 27.

④ L. Heuertz, *Rural Libraries Building Communities*, University of Washington, 2009, pp. 137 – 198.

⑤ S. Rachel, "Serving Remote Communities Together: A Canadian Joint Use Library Study", *The Australian Library Journal* 64 (2015): 128 – 141.

⑥ V. John, "Public Library Provision for Black and Minority Ethnic Communities—Where Are We in 2009?" *Librarianship and Information Science* 41 (2009): 137 – 147.

⑦ K. Robyn, "The Edge of the Tide: Rising Capacity in Information Technology of Maori in Aotearoa New Zealand", *The Electronic Library* 21 (2003): 465 – 475.

给予足够关注的方面能够适当扩大信息服务的范围①。采用跨语言供给系统或服务措施向少数民族提供可被理解和采纳的信息推广服务及信息素养培训②，能够有效解决语言交流障碍所造成的少数民族的信息获取意愿不强和机会相对匮乏等问题③。信息供给方通过加强信息媒介文化产品的传播，拓宽其信息获取的渠道，使少数民族密切融入社会，增加自身社会资本的存量④。社会性信息公益服务能够通过嵌入服务和本土化植入的方式使少数民族学到新技术和知识，最大限度地实现其预期收入，确保信息获取的可持续性⑤。

在研究内容上，多数研究将少数民族信息贫困的表现归结为社会制度安排的显著性差异、市场结构的制度性变迁、技术创新的持续性扩散、地域文化的结构性传承、少数民族所面临的信息服务与个体能力的不完全适应、少数民族的信息来源匮乏且获取渠道及内容相对单一、少数民族所处的信息环境闭塞且信息素养缺失等，其中语言文化和信息获取能力导致的认知障碍、区域发展乏力和公共政策缺失所导致的制度障碍尤为显著。同时多数研究认为国家能够通过行政性的信息服务政策来干预信息资源及服务在少数民族地区的分布及推进，社会公益力量的参与能够采取

① M. Lesley, "Developing a Long-term Condition's Information Service in Collaboration with Third-sector Organizations", *Journal of Health Information and Libraries Journal* 31 (2014): 106 – 115.

② V. Donna, "The Importance of Capabilities in the Sustainability of Information and Communications Technology Programs: The Case of Remote Indigenous Australian Communities", *Journal of Ethics Information Technology* 13 (2011): 55 – 73.

③ L. Heather, "Exploring Access in the Developing World: People, Libraries and Information Technology in Morocco", *Library Hi Tech* 26 (2008): 586 – 597.

④ R. Martin, "Empowering Poor People through Public Information? Lessons from a Movie in Rural India", *Public Economics* 13 (2015): 13 – 22.

⑤ S. Ramesh, "Indigenous, Ethnic and Cultural Articulations of New Media", *International Journal of Cultural Studies* 9 (2006): 497 – 518.

资源捐赠和项目植入的方式来推广社会化信息服务，社群信息学的实践能够通过整合多元社会力量推进少数民族地区的信息服务，公共信息服务机构则可以通过提供免费的延伸服务来提升少数民族的信息理解及获取能力，其中国家和公共信息机构为少数民族提供的跨语言系统及服务、信息媒介和文化产品、公益服务和信息技术等应对策略的成效比较显著。

第三节　数字包容

在经济全球化和文化多样性的推动下，随着研究视域向动因、政策、结构等层面的拓展，社会矛盾与社会关系融合、社会包容性与适应性等都是当前社会关系研究关注的重点。在这一过程中，社会经济文化处于相对弱势的边缘社群在数字化实践中面临较大的困境，而数字包容以最有价值的方式缩小了当前的数字差距。

一　数字包容的内涵及意义

包容实际上基于这样一种理念，即每个人都在自己的边界内受到欢迎，不分民族、宗教、肤色、性别等，尽管包容的必要性似乎意味着接受了所有人，但并非不关注差异，因为把差异放在一边意味着忽略了不同构成主体的潜力，普遍包容成功地消除了僵化或无法管理的差异，而这些差异可能会引发社会冲突。因此，包容的目的是能够在当前的控制机制和社会结构下建构稳定性框架，从而引导社会进入良性发展的轨道，在这个框架中不难理解数字包容的重要性。

包容和同化存在一定的区别，同化是一个渗透和融合的过程。在这个过程中，被排斥一方获得了其他社会群体的记忆情感和态度，并且通过分享对方的经验，了解对方的社会文化生活①。同化的过程是指被排斥群体放弃自己的文化和价值观，从而接受主流的文化和价值观的过程，而被排斥群体的边界依然存在，社会文化上的趋同并没有使社会文化差异消失，被排斥群体的认同依然如故②。

社会融合与文化适应的重点是社会活动中社会风险的单向同化、地域认同的文化变迁、一体化进程中的多元文化等③。社会融合空间的调整与政策治理的提升是西方国家对社会包容性进行选择的重要方式，其中社会包容与社会变迁过程中的文化变迁、劳动力流转、社区参与、社区冲突、族群关系、认同危机等因素密切相关。非正规劳动力市场合并、移民文化、跨国网络等现象的出现说明一个新的社会融合空间选择系统和国际多元文化包容政策在西方社会逐渐呈现，其中边缘化社群和弱势群体在此过程中面临着文化矛盾、文化冲突、数字化贫困和信息分化等④。

数字技术的普及使人们能够更加方便快捷地获取和利用数字资源及服务，然而数字用户在通过数字资源及服务满足自己需求的同时，也面临着适应和接受新的数字化环境、技术和服务的问题。在适应过程中，社会经济文化处于相对弱势的边缘社群（少数族裔、难民、农民等）的数字化实践会面临较大的困境⑤。据估

---

① 马平：《回族穆斯林的开放性及其文化心理底线》，《青海民族研究》2010 年第 4 期，第 49 页。

② 马雪峰：《社会学族群关系研究的几种理论视角》，《西北民族研究》2007 年第 2 期，第 129 页。

③ D. Chadwick, "Carer Communication and Support for Digital Inclusion of Adults with Intellectual and Developmental Disabilities", *Intellectual Disability Research* 63 (2019): 746.

④ Rachel Clarke, "Re-configuring Inclusion, Decolonising Practice: Digital Participation and Learning in Black Women's Community-led Heritage", *Jounal of Adultant Continuing Education* 22 (2016): 134 – 151.

⑤ Ng Yu-Leung et al., "The Digital Divide, Social Inclusion, and Health among Persons with Mental Illness in Poland", *International Journal of Communication* 13 (2019): 1652 – 1672.

计，全球大约有30%的个体由于面临数字鸿沟而无法获取数字资源及服务，联合国将"加大全球努力，消除数字鸿沟"列为全球发展的重要议题①。数字鸿沟是指拥有信息时代工具的人与那些未曾拥有者之间存在的鸿沟，信息通信技术在全球范围内发展和应用的不平衡，造成或拉大了国家与国家之间以及国家内部群体之间的数字差距②。

目前数字包容尚未有一个界定清晰且统一的概念，《全球信息社会冲绳宪章》提出数字包容需要各国政府和私人企业界的共同努力来缩小国际社会中信息技术与知识的差距，并且鼓励研发、使用包括移动互联网接入服务等在内的"无障碍""方便使用者"的技术③。数字欧洲咨询组认为数字包容是个人和社区通过信息与通信技术消除信息获取障碍，有效地融入知识社会、参与经济发展的各个环节，并能按其意愿和能力有效地获取社会利益④。国际电信联盟则指出数字包容就是通过信息与通信技术，赋予人们进入互联网的权利，数字包容活动就是要增加少数民族、农村人群、残疾人等群体使用信息与通信技术的机会，并在此基础上促进其发展⑤。Anthony认为数字包容就是在一定的社会和经济环境中使用数字技术，从而在一定程度上促进数字资源自给自足⑥。周庆山

---

① 《第11届互联网治理论坛：让还未上网的39亿人受益于互联网》，联合国官网，http：∥www. un. org/chinese/News/story. asp? NewsID＝27216。

② 陈艳红：《数字鸿沟问题研究述评》，《情报杂志》2005 年第2 期，第87 页。

③ 《八国峰会发表推进信息社会全球化的冲绳宪章》，中国新闻网，http：∥www. china-news. corral2000－07－23/26/38743. html。

④ 曾粤亮：《公共图书馆促进数字包容的实践与启示——以美国公共图书馆为例》，《图书与情报》2018 年第1 期，第88 页。

⑤ *Digital Inclusion for People With Specific Needs*，http：∥www. itu. int/en/ITU-D/Digital-Inclusion/Pages/default. aspx.

⑥ "Appropriate Technology for Socioeconomic Development in Third World Countries"，http：∥scholar. lib. vt. edu/ejournals/JOTS/Winter-Spring-2000/ak-abue. html，2016.

从技术汇流层面进行分析，认为数字包容是指电信、广播电视和互联网络的整合与 IP 化趋势[①]。而 Crandall 提出数字包容的概念不应只局限于计算机和互联网的使用，还包括提高科技素养和获取网络内容与服务的能力[②]。虽然各个组织及学者对于数字包容的概念有不同的理解，但是他们对于数字包容实践都有一个共同目的：消除数字鸿沟。因此，毋庸置疑，数字包容可以被广泛地理解为通过各种方式促进人们对信息与通信技术的获取与利用，以最有价值的方式融入社会并尽力缩小数字差距的过程[③]。

数字包容应该强调技术的接入与使用，因为数字包容不仅帮助人们获得技术，也可以增强人们使用技术的能力。数字包容可以通过各种技术，帮助在社会结构中处于不利地位的个人或社区参与信息社会中的各项活动，力求实现所有人机会均等[④]。Karla 指出数字包容要强调作为一个领域的问题和控制机制的作用，从而扩大数字包容的概念范畴，加强对可获得性、数字素养、适当利用资源、培训限制的理解，其目的是确立一种平等和自由的数字公民制度，使数字技术领域的所有公民都能够公平有效地参与社会活动。因为没有连接的社会活动难以包含更多的社会价值，它不允许人际关系、社会活动与社会网络集成，也不允许个体在对社会记忆和社会关系的整合过程中利用这种数字化的力量[⑤]。数

① 周庆山、李彦篁：《台湾数字融合发展的规制政策初探》，《情报资料工作》2014 年第 1 期，第 31 页。

② M. Crandall, *Digital Inclusion: Measuring the Impact of Information and Community Technology*, Medford: Information Today, 2009, p. 64.

③ *Building Digital Communities: A Framework for Action*, https://www.imls.gov.sites.defaul, 2012.

④ 闫慧、张鑫灿、殷宪斌：《数字包容研究进展：内涵、影响因素与公共政策》，《图书与情报》2018 年第 3 期，第 80 页。

⑤ Saraiva Karla, "Digital Inclusion, Controls, Surveillances and Lines of Flight", *Journal of ETD* 18 (2016): 922–941.

字包容项目无论在什么地方，都通过开展数字扫盲活动来提升个体对于数字化资源及服务的交互能力，通过使用电子邮件、搜索引擎、文本编辑器、视频编辑应用程序、博客和其他工具等数字化资源，帮助不同主体获得数字化技术、学习平台及服务资源。换句话说，数字包容的目的是刺激个体对数字资源的使用[1]。

二　少数民族与数字包容

在当今世界，随着社会排斥和结构分层而逐渐演化的社会属性差异扩大化，使个体身份差异的失衡与社会结构内部的约束不断加剧，随着时间的推移，有可能给社会带来一定程度的不安定因素，同时其潜在的转化机制和演化进程表现为一种与社会经济相联系的社会角色分化，会逐渐使被排斥群体成为社会矛盾潜在的创造者。由此看来，社会排斥的演化、性质、结构以及与之相对应的社会融合、社会包容、社会转化等都会对少数民族的数字包容实践形成较为深远的影响[2]。首先，社会排斥的资源分化配置可能不利于数字化资源的流动，对其所需资源造成差别获取和负面环境；其次，处于社会边缘的生活经历可能会引起少数民族的负面心理反应，减少其数字化资源及服务的需求；最后，社会排斥衍生的隔离文化会导致少数民族对数字化资源的获取及利用产生负面评价。

随着民族问题的凸显，民族认同已经成为世界多民族国家关注的重要议题，民族融合对于多民族国家的发展具有重要意义。

---

① *Building Digital Communities：A Framework for Action*，https：//www. imls. gov. sites. def-aul，2012.

② Mari Castaneda，"Racial and Ethnic Inclusion in the Digital Era：Shifting Discourses in Communications Public Policy"，*Journal of Social Issues* 71（2015）：139 - 154.

多民族国家的民族融合与文化认同一体化已成为促进少数民族数字包容的重要政策目标，其中文化身份多样性、集体记忆与社会认同的整合将起到关键作用；同时提出就业、住房、教育和健康领域数字化资源的连贯性支持能够强化社区内和群体之间的社会联系，积极促进少数民族的社会融合与身份认同①。社会融合政策和福利国家制度会影响少数民族数字包容中多元文化和多元族群特征的融合途径，其中多元文化政策使少数民族容易获得平等的数字化权利，并为新数字化环境下的语言习得和跨文化接触提供强有力的支持，最终确保少数民族在跨文化数字环境中的跨文化生存能力和跨文化意识得到有效提升②。

数字包容是信息社会中不同群体的数字化融合过程，尽管这一过程会涉及众多的人为因素，但其融合指向的发展应该是一种自然顺应的过程，其中社会生产力的发展和信息化程度的不断提高是数字包容的基础，社会精神文明的高度发展和社会包容的迅速提升是数字包容得以推进的重要条件。族群认同在促进少数民族对外界数字化资源和服务的适应过程中有两个基本的表现形式③：首先，它体现为宗教和族群之间作为身份来源的认同意识与民族融合所产生的根本区别；其次，在界定数字包容的两种社会化身份来源的过程中，民族融合的文化重构和文化认知的身份表达明确了社会融合过程中数字化活动的边界。

社会融合政策中的身份重塑和强势文化表明，社会资本对边

① Ellie Rennie, "Privacy Versus Relatedness: Managing Device Use in Australia's Remote Aboriginal Communities", *International Journal of Communication* 12 (2018): 1291 – 1309.

② Stefano Kluzer, "E-inclusion Policies and Initiatives in Support of Employability of Migrants and Ethnic Minorities in Europe", *Journal of Information Technologies and International Development* 5 (2009): 67 – 76.

③ H. Lotriet, "Selective Exclusion: The Digital Divide in the Context of Indigenous Knowledge Systems in South Africa", *Journal of South African of Information Management* 11 (2009).

缘化群体的数字技术使用意愿和边缘化群体聚居区的生活质量及
社会支持均呈现出正向影响。在特定的社会网络中，数字包容的
制度约束与制度演变的概念框架应以社会包容转型为中心范畴，
以便于理解全球快速变化背景下边缘化群体数字化行为中的双重
角色和双重影响的复杂性、亚文化群体的数字包容区域选择和地
方认同的可变性、国家文化认同和数字化迁移的情境性[1]。从族群
互动的角度来看，当前数字包容问题受城市化和工业化的影响较
大，同时在经济层面的数字包容难度加大[2]，一方面是城市中出现
的各种信息交换关系紧张的现象，被排斥群体的信息获取与信息
资源配置和供给的关系并没有明显改善，少数民族群体在城市适
应与融合过程中的突发事件增多[3]。另一方面是少数民族的发展及
自我成长能力减弱，受自身传统、宗教信仰和长期以来文化敏感
性的影响，少数民族在融入信息社会的过程中，获取数字化资源
的难度加大，尤其是脱离原生活区域进入新信息环境的少数民族
群体。因此，数字包容从根本上是要确保具有被社会排斥风险的
边缘化社群能够有效地获取必要的数字化资源，确保他们能够全
面参与当前社会的经济文化生活。在这里，数字包容是一个相互
渗透和融合的社会化过程[4]。

　　在社会融合的双向动态过程中，个体和个体之间、不同社会

① Vikki S. Katz, "Ethnic Media as Partners for Increasing Broadbrand Adoption and Social Inclusion", *Journal of Information Policy* 2 (2012): 79 – 102.
② Prema P. Nedungadi, "Towards an Inclusive Digital Literacy Framework for Digital India", *Journal of Education and Training* 60 (2018): 516 – 528.
③ 汪冬冬、王华:《转型时期民族融合与民族社会工作创新发展》,《云南民族大学学报》(哲学社会科学版) 2014 年第 4 期, 第 48 页。
④ Olivia Allende-Hernandez, "MODELI: An Emotion-based Software Engineering Methodology for the Development of Digital Learning Objects for the Preservation of the Mixtec Language", *Journal of Sustainability* 7 (2015): 9344 – 9394.

文化群体之间互相配合、互相适应，逐渐形成与其他群体交换信息及获取信息的记忆、情感和态度，通过共享数字化资源，最终融入共同的社会文化生活中。其中影响数字包容的群体差异因素可能包括不同群体间收入水平的差异、教育水平的差异、医疗水平的差异、消费观念与消费水平的差异、就业机会的差异、公共设施的差异、生活方式的差异、宗教信仰的差异等。在全球多元格局推进过程中，西方国家主流社会与少数民族群体的矛盾逐渐凸显，多元文化政策逐渐成为其缓和社会矛盾和促进社会融合的重要工具，西方民族国家的政策和公众话语体系呈现出多元文化人格和意识形态的差异，因此不能用少数民族本身的社会属性来解释这种结构性文化差异。尽管数字包容政策的推进需要借助各方面力量，但强迫性同化有可能引发更多的社会排斥，因此要确保少数民族地区数字化融合过程中多元文化的价值取向[1]。

跨文化的认知和情感，能够有效增强和开阔少数民族在数字化内容感知过程中的多元文化意识和多元文化视野，同时这种双重体验的情境同步有助于缓解少数民族接触某些跨文化数字资源及服务的焦虑情绪[2]。在族群差异较为突出的情况下，促进数字包容需要跨越的一个重要障碍即是语言交流的障碍。语言作为一种社会符号和数字化资源交换工具，在不同群体间的数字化资源交换过程中起着举足轻重的作用。对不同的族群而言，语言不仅是数字化资源交换的媒介和相互沟通的工具，还是民族传统习俗和

---

[1] Lisa Hill, "Reconnecting Australia's Politically Excluded: Electronic Pathways to Electoral Inclusion", *Journal of Internatioal Journal of Electronic Government Research* 3 (2007): 1 – 19.

[2] Margaret Carew, "Getting in Touch: Language and Digital Inclusion in Australian Indigenous Communities", *Journal of Language Documentation and Conservation* 9 (2015): 307 – 323.

生活方式的载体，是族群认同的主体象征和基本要素[①]。少数民族在融入数字化社会的过程中，除了以亲缘关系和族群关系为基础来构建数字化资源交换关系网络外，其主要的数字化资源交换关系都集中于族群内部或具备同一宗教信仰的群体中。在日常生活中遇到困难也是首先想到这些社会关系和内部资源，族群认同使他们与其他社会群体形成隔离，并成为其数字包容的内在障碍[②]。

促进少数民族地区的数字包容往往会受到其原有的认知结构和数字化能力的影响，由于他们的日常生活需求绝大多数还停留在生理需求和安全需求层次上，所以对数字化资源和服务的选择很多时候取决于资源及服务的易用性。通常情况下，他们会比较关注天气、时事、健康、休闲娱乐等数字资源及服务，具体集中在农业科技数字资源及服务、农业市场数字资源及服务、政策法规数字资源及服务、生活医疗数字资源及服务、生活娱乐数字资源及服务、教育培训数字资源及服务等方面，其中粮食的种植技术、疾病预防与治疗、饮食健康保健、农业气象、病虫害防治等几个领域是重中之重[③]。

与此同时，少数民族的数字资源需求和数字行为方式，以及获取到数字资源后的解读行为都会受其认知水平、族群特征、社会角色、生活环境等因素的影响，其中少数民族的主体特征对数字资源的解读行为会在情境的限制下重新产生新的需求，从而进入数字资源获取行为的循环过程，直至达到满足状态。在其他条

---

① 马冬梅、李吉和：《城市少数民族流动人口社会融合的障碍与对策》，《广西民族研究》2013 年第 2 期，第 15 页。

② Eleanor Hogan, "Gender, Internet and Computer Access in Remote Central Australian Aboriginal Contexts", *Journal of Australian Aboriginal Studies* 1（2016）：24 – 39.

③ Alejandra Aguilar, "Cultural/Diversity Identity in Cyberspace：Informational Practices and Digital Inclusion in Brazil", *Journal of Informacao and Sociedade Estudos* 22（2012）：121 – 128.

件不变的情况下，性别、年龄、学历等因素也会在一定程度上对少数民族的数字资源选择、判断的准确性和有效性方面产生巨大影响[1]。

综上所述，数字包容的相关研究是促进少数民族有效融入信息社会，消除其信息贫困的重要理论依据，本书将在此基础上深入探讨促进人口较少民族有效融入信息社会的对策。

---

[1] Ellie Rennie, "Aboriginal and Torres Strait Islander People and Digital Inclusion: What Is the Evidence and Where Is It?" *Journal of Communication Research and Practice* 5 (2019): 105 - 120.

| 第三章 |

调研设计

第一节　调研样本概况

中国一共有 28 个人口较少民族，其中云南省有独龙族、德昂族、基诺族、怒族、阿昌族、普米族、布朗族、景颇族 8 个人口较少民族，是中国人口较少民族最多的省（区、市）之一，总人口约为 45 万，他们当中大多数为跨境民族和直过民族[①]。考虑到样本数据获取的便利性以及和本文牵涉理论的关联性，本书选取位于中国云南省西双版纳傣族自治州基诺山境内的基诺族和布朗族（洛特村、司土村、巴卡村、巴漂村、昆格村、普希村）以及位于怒江傈僳族自治州贡山独龙族怒族自治县境内的独龙族和怒族（龙元村、巴坡村、马库村、甲生村、双拉村）作为调查样本。

---

① 王德强、王峰：《云南人口较少民族发展转型研究：特征、影响因素及实证分析》，《西南民族大学学报》2015 年第 9 期，第 1 页。

一　基诺族[①]

基诺族是云南省人口较少民族之一，主要聚居于云南省西双版纳傣族自治州景洪市基诺山基诺族民族乡及勐旺、勐养、勐罕，勐腊县的勐仑、象明也有少量基诺族散居。"基诺"是本民族的自称，可释意为"舅舅的后人"或"尊重舅舅的民族"。过去汉语译为"攸乐"，故又习称其居住的基诺山为"攸乐山"。景洪市东北部的基诺山基诺族民族乡（以下简称"基诺乡"），是全国唯——一个基诺族民族乡。

基诺语属汉藏语系藏缅语族彝语支。语音、词汇上同彝语支、缅语支都有明显的对应关系，但也有自己的特点。基诺族日常生活中使用基诺语。基诺族没有文字，过去多以刻木、刻竹来记数、记事。在汉文献中，直到清朝初期才有关于"攸乐"人的零星记载。

村寨的主要领导为"卓巴"（寨父或称老火头）、"卓色"（寨母或谓老菩萨、大斋），他们是村寨中两个古老氏族的长老，是村寨里享有最高威望的人。担任此职的唯一条件是年龄最大，而不是骁勇善战，经济富裕，能说会道。"卓巴"的继承人称"巴努"，"卓色"的继承人叫"生努"，他们作为当权长老的助手，在"卓巴""卓色"没有去世前就要管理村寨的具体事务。长老的职能主要是主持村寨生产、生活和祭祀活动。

基诺族人善于狩猎。狩猎是基诺男子的一项基本技能，猎获动物的多少、狩猎知识和经验是否丰富成为衡量男子能力大小的

---

① 参见中华人民共和国中央人民政府网，http://www.gov.cn/guoqing/2015-10/12/content_2945506.htm。

主要标准。采集是基诺族妇女的重要生产活动，基诺族日常生活的佐餐、副食主要是妇女采集的各种野菜、野果和捕捉的虫类。纺织和刺绣是基诺族妇女的一项基本技能，基诺族男子主要从事竹篾编织这一传统手工业。基诺族习惯于日食三餐，以大米为日常主食，杂以玉米、瓜豆等，喜酸、辣、咸口味，尤其喜酸。基诺族的传统房屋大致有两种：一种是有一个火塘的竹楼，另一种是竜帕寨的长方形竹楼。

基诺族在社会组织内部有一种原始的习惯法，作为待人接物的规矩、辨别是非的标准和调解内部矛盾的法度，以此来维护传统社会中和谐的人际关系。习惯法与伦理道德以民谚、歌曲、古训等形式来约束人们的行为。基诺族具有天然的平等观念，他们把公平公正的观念比作天平，同时还十分尊崇并维持着原始淳朴的道德风尚，大家尊老爱幼、团结互助，勤劳、好客、重信用。基诺族除崇拜祖先和尊奉诸葛孔明外，最具特色的宗教观是"万物有灵"思想。

二 布朗族[①]

布朗族主要分布在云南省西部及西南部沿边地区，其中，有 3 万多人较为集中地聚居于西双版纳傣族自治州勐海县的布朗山、西定、巴达、打洛、勐满、勐岗等乡镇，有 5 万多人散居于双江、保山、施甸、昌宁、云县、镇康、永德、耿马、澜沧、墨江等市县，布朗山布朗族乡是我国布朗族最大的聚居区，约占布朗族总人口的 65%。布朗语属于南亚语系孟高棉语族布朗语支，可分为

---

① 参见中华人民共和国中央人民政府网，http://www.gov.cn/guoqing/2015 - 07/28/content_ 2903882. htm。

布朗和阿瓦两大方言区。布朗族没有本民族的文字，除使用本民族的语言外，一部分人会讲傣语、佤族语和汉语，西双版纳布朗族人兼用傣语的居多。

布朗族居住在山区，那里气候温和、雨量充沛，十分有利于植物生长，所以"靠山吃山"是山地民族生存的一大特点。像其他山地民族一样，得天独厚的地理环境和丰富的自然资源，尤其是丰富的森林资源，使布朗族适应了这里的自然环境并习得了采集、渔猎和刀耕火种的生存方式。布朗族的服装多是由自制的土布做成的，以蓝色、黑色为主，其纺织原料是自种的棉花、苎麻和葛线麻等。用棉花和苎麻可以纺织成土布，用苎麻和葛线麻可缝麻袋或挂包。文身是布朗族先民遗留下来的古老习俗，布朗族男子在十四五岁时就要文身，在四肢、胸部、腰部、腹部和背部刺上各种各样的花纹图案。布朗族以大米为主要食粮，以玉米、豆类为辅。其饮食特点是以酸、辣、香、凉、生为主，烹制方法主要有煮、炒、蒸、炸、烧、烤、腌、生食等8种，虽然烹制技术简单，但仍有自己独特的风味。布朗族的用茶方式可谓多种多样，除了饮用外，还保留着以茶入药、以茶入食的古老习俗，茶在布朗族的生活中具有举足轻重的作用。布朗族的传统住房为干栏式竹楼，为竹木结构，既可通风防潮又能避开野兽的侵扰，比较适合山区的地理环境和气候特点。

布朗族的婚姻是一夫一妻制，青年男女从恋爱到结婚都较自由，但也有受到父母干涉的现象，丧葬习俗各地大致相同。布朗族的节日与农业生产和宗教活动有着密切的关系，在众多节日中，布朗族的年节——"桑堪比迈"最为隆重和盛大。布朗族除了信仰上座部佛教外，还保留着许多原始宗教信仰，人们普遍信鬼神、崇拜祖先。布朗族民间信仰中的另一个重要内容便是祖先崇拜，他们认为氏族、家族的发展和家族生命周期的更迭、延续以血缘世系为纽带,这使祖先观念与灵魂观念紧密结合起来。森林中的一些动物被认为是本氏族祖先的亲族,代表着祖先的魂灵,对它们既不能侵犯,也不能伤害。茶在布朗族的生活中占有重要位置,人们把茶视为圣物珍品,用于祭祀、婚丧,或作为礼品馈赠亲朋好友。人们对茶的需求、重视以及感激使茶树最终被升华为神灵。

三　独龙族①

云南省怒江傈僳族自治州的贡山独龙族怒族自治县是独龙族唯一的自治县,独龙族人占全县总人口的88.1%。其中,处在独龙江河谷的独龙江乡又是县内独龙族最主要的聚居区,下辖马库、巴坡、献九当、迪政当、龙元、孔当6个村民委员会、42个村民小组,独龙族人占全乡总人口的98.87%。其余则散居在云南省迪庆藏族自治州维西傈僳族自治县齐乐乡的俅扒卡村和西藏自治区察隅县的察瓦龙乡。独龙语属汉藏语系藏缅语族,语支归属目前尚无定论,独龙语内部可分为两大方言,即独龙江的独龙语方言和贡山丙中洛的怒江独龙语方言。

独龙族过去相信万物有灵,崇拜自然物,信鬼,认为风、雨、电、雷、高山、大河、巨石、怪树皆有鬼。鬼会降祸于人,因此人们为了祈福免灾,便不惜耗费大量牲畜粮食来祭鬼。独龙族的祭鬼仪式由巫师主持进行,巫师有两种,一种被称为"纳木萨",主持祭祀、打卦;另一种被称为"夺木萨",专门从事驱鬼。其中,"纳木萨"的地位较高。独龙族唯一的节日是过年,时在农历

---

① 参见中华人民共和国中央人民政府网,http://www.gov.cn/test/2006-04/17/content_255793.htm。

腊月，没有固定的日期，节日的长短视食物的多少而定。独龙族人的年节为每年农历十月至十二月，即"过年月"，为期两三天或三五天。

独龙族家庭已逐步确立一夫一妻制，结婚后每生一个孩子，女婿要送岳父一头牛或一件东西。独龙族男子下着短裤，平时喜佩砍刀和箭包；妇女戴耳环，颈戴珠子，腰系染色的细藤圈，出门腰挂小篾箩，下身多系花色麻布围裙，小腿上有麻布带绑腿，女子有文面习俗。

独龙族的住所经历过巢居、穴居等阶段，后来才逐渐告别了居无定所的情形。一般房屋大多适应山地环境和气候，建造在独龙江两岸山腰的小型台地和朝江面倾斜的小块平坝上。一端搭接山地，一端临空架设，全部基架柱脚都埋插在地下，稳固牢靠。房屋属于竹木结构的干栏式建筑，布局紧凑，防雨水和通风性能良好。

四　怒族[①]

怒族主要分布在云南省怒江傈僳族自治州的泸水（原碧江县）、福贡、贡山独龙族怒族自治县、兰坪白族普米族自治县，以及迪庆藏族自治州的维西县和西藏自治区的察隅县等地，与傈僳族、独龙族、藏族、白族、汉族、纳西族等民族交错杂居。怒族也是一个跨国而居的民族，在邻国缅甸的克钦邦北部高黎贡山区及恩梅开江上游地区也有怒族人居住，分布有3万多人。怒族使用怒语，怒语属汉藏语系藏缅语族。方言间差别很大，贡山怒语与

---

① 参见中华人民共和国中央人民政府网，http：//www. gov. cn/test/2006 – 04/17/content_255730. htm。

福贡怒语、泸水怒语三者之间不能互相通话，但贡山怒语与独龙语却比较接近，基本可以通话，由于和傈僳族长期共处，怒族民众普遍会说傈僳语，不过怒族没有本民族文字。

怒族在很久以前即已形成以父家长为主的一夫一妻制个体家庭，但同时，原始的氏族、家族以及村落公社仍然不同程度地保存着。怒江怒族村寨不论是以血缘为纽带的家族公社，还是以地缘为纽带的农村公社，个体家庭都是社会的经济单位。怒族主要信奉原始宗教，认为万物有灵，风雨、日月星辰、山林树石等都是其崇拜的对象。

怒族男女服饰多为麻布质地，妇女一般穿敞襟宽胸、衣长到踝的麻布袍，在衣服前后摆的接口处，缀一块红色的镶边布。年轻少女喜欢在麻布袍的外面加一条围裙，并在衣服边上绣上各色花边。男子一般穿敞襟宽胸、衣长及膝的麻布袍，腰间系一根布带或绳子，腰以上的前襟往上收，便于装东西。

怒族主食为玉米等，贡山北部的怒族还从藏族那里学习种植青稞、燕麦，食青稞面，少数怒族人受藏族生活方式的影响，有时也吃酥油糌粑，副食除鸡、鱼、猪、羊、牛肉外，还有猎获的野味。怒族普遍喜欢吃饭菜合煮的较稠的饭粥，将野味一起煮在里面，鲜美可口。怒族住房分木板房及竹篾房两种，在木桩上铺设木板或竹篾席而成。

第二节　数据收集分析的基本情况及样本概况

一　数据收集及分析的基本情况

本书的调研从区域来看可以分为两个部分，第一部分的调研为云南省西双版纳傣族自治州基诺山境内的基诺族和布朗族（洛特村、司土村、巴卡村、巴漂村、昆格村、普希村），第二部分的调研为云南省怒江傈僳族自治州贡山独龙族怒族自治县境内的独龙族和怒族（龙元村、巴坡村、马库村、甲生村、双拉村）。

云南人口较少民族信息实践的调研数据通过对上述11个村落的228人进行面对面问卷调查收集而来，影响因素分析数据则通过从中选取36人的深度访谈资料收集。面对面问卷调查数据收集完成后，由研究者根据受访者的回答进行整理并输入SPSS进行简单的描述性统计分析，以此描述人口较少民族的日常信息实践，并对其主要特征进行归纳和总结。深度访谈数据则采用开放式编码的方式对数据内容进行编码和分析，主要通过文本反思来不断寻找与研究目标相关的主题和问题。

云南人口较少民族圆周生活下信息搜寻的调研数据主要通过对昆格村的45位布朗族人进行深度访谈来收集，然后通过解读三个层次的质性资料编码来完成对访谈资料的分析。

云南人口较少民族族群认同下信息传播的调研数据主要通过对龙元村的134位独龙族人进行的信息传播实验收集，然后在此基础上选取49位独龙族村民进行深度访谈并收集数据，其中信息传播实验收集的数据通过社会网络分析方法进行分析，深度访谈的数据则通过扎根理论方法进行分析。

云南人口较少民族跨文化信息适应的调研主要通过随机选取景洪市境内的42位基诺族人作为深度访谈的数据收集样本，然后采用扎根理论对样本数据进行分析。

二 调研村落的概况

从调研的总体情况来看，11个村落中的云南人口较少民族都居住在经济贫困和交通不便的山区和边境地区，其中多数居住地都在海拔比较高的山林中，他们主要种植一些日常食用的蔬菜水果和经济作物，如茶叶、橡胶等，同时还会养殖一些基本的家禽家畜，不过很多时候他们都有捕猎或围猎的习惯，收获的东西一部分供自己食用，另一部分则出售到外界以换取其他日常生活必需品。

在我们调研的 11 个村落中，有 9 个交通非常不便，远离中心城镇。例如，有些村落没有进出的公路，调研团队只能把车停在靠近村落的公路边上，步行进入村落。我们所调研的村落中的民众很少会到最近的行政村中心去，很多时候他们外出都是靠搭乘亲戚朋友的便车，一般要等到每年出售自己的农牧产品、送子女上学、生病就医、采购物资时才会外出。每当要出售自己的农牧产品时，他们首先会通过村落中认识外部联络商的人跟村落外面的商人进行沟通和协商，然后由外面的商人统一提供物流进入村落内部来收购他们的产品，不过有些村落由于发展比较落后，没有出入村落的公路，很多时候只能够依靠牲口驮运到附近有公路的村子里集中储存，但一些很难形成规模效应的小宗物产，则需要靠他们自己想办法出售。

在我们调研的 11 个村落中，大部分民族的居住条件比较简陋，多数还是 20 年前修建的木屋或竹楼，而且多数情况下是楼上住人、楼下养牲口或家禽，卫生条件相对较差，同时存在一定的安全隐患。11 个村落中都没有学校，很多小孩需要到离家 70 公里以外的乡镇小学上学，因此那里的小孩在 6 岁左右就要开始过寄宿在学校或亲戚家里的生活。一般有车的家庭每周会把小孩接回家一次，没有车或搭不上别人家车的孩子可能要等上一两个月才能回家一次。很多情况下，云南人口较少民族都不会外出看病，除非是比较严重的病，他们才会外出到乡里或者市里的医院寻求治疗。与此同时，由于他们居住在深山里，移动通信设施的功能在这里经常受到其居住地域的干扰和影响，研究团队中一些成员的手机在这里是没有信号的。村落里基本上没有任何公共设施，11 个村落中有 7 个村落设有广播站，乡镇仅有的公共设施离我们调研的 11 个村落至少有一个小时左右的车程。

在我们调研的 11 个村落中，云南人口较少民族的生活方式都比较接近，除了基本的农活之外，还包括传统节日庆祝以及宗教祭祀。每当到了相应的节日，他们会停下手头的农活，村落中的成员会聚集在一起，用传统的方式来庆祝民族节日。除了节日庆祝，他们还会对自己崇拜的对象进行祭祀，按照不同的时间和事件，不同的祭祀会在每年进行一次。除此之外，基本上每家每户都会安装卫星电视来收看一些电视节目，或者收听广播作为日常生活的消遣和娱乐，但是相比之下，他们更喜欢在农忙之余，聚在一起聊天、喝茶、吃饭、喝酒、唱歌、跳舞、狩猎等。他们的饮食跟作息习惯总体来看比较规律，通常会在每天早晨把一整天的食物都准备好，由于劳动的地方离家较远，他们有时候会带着食物去劳作。晚上人们入睡的时间很早，有时候他们为了夜间作业，下午就开始入睡，半夜里再起来干活。

| 第四章 |

云南人口较少民族的信息实践

第一节　少数民族的日常信息实践

随着信息化的推进，信息技术在促进弱势群体及边缘社群融入社会尤其是融入信息社会的过程中发挥了不可替代的作用。越来越多的研究者发现，有效的信息搜寻、传播和利用能够积极地促进弱势群体和边缘社群的社会融合与自身发展，但一些社会经济文化处于弱势地位和边缘区域的群体，在融入信息社会的过程中会面临较大的困境。

一　少数民族日常信息实践存在的问题

从目前来看，少数民族信息实践的相关研究，主要关注信息技术及媒介对于少数民族融入信息社会的影响和作用，特别是少数民族需要什么类型的信息资源和信息服务，但对于少数民族信息实践过程中的主体因素及具体情境缺少关注，例如他们为什么会放弃或者很少使用一些信息，为什么很少跟外部交换信息等。

日常信息实践描述了人们如何获取和使用信息以满足他们的日

常信息需求，通常被认为是习惯性和情境性的，并且经常受到社会和文化因素的影响，由于个体的日常生活决定了信息的自然顺序，因此日常信息实践是情境的、文化的和个人的，包括信息需求、信息使用和信息分享。少数民族所处的地理位置、经济上面临的贫困处境以及基础教育资源的缺乏使他们的信息需求通常存在一定的局限性，如高贫困率和低收入限制了他们使用信息的成本，低识字率和信息技能缺乏限制了他们使用信息的机会，这使他们很少对外部信息资源及服务产生相应的需求。除了地域、经济和教育因素的限制之外，少数民族的信息需求还受到自身所处的社会文化环境的影响，一方面少数民族受到所处地域环境和文化传统的影响，特别是生活方式、传统习俗、宗教信仰等会显著地影响他们的信息需求；另一方面由于他们存在语言和文化上的障碍，外部社会所提供的信息资源和信息服务通常难以满足他们的需求，从而进一步使其信息需求跟其他群体的信息需求存在一定的差异，如他们更关注农业、气象、民俗、宗教等方面的信息。

信息资源和信息需求的限制，导致少数民族在信息使用的意愿和态度上也会受到影响，绝大多数少数民族的教育和文化水平不高，他们会因为自身对外部信息的理解存在诸多障碍，从一开始就存在排斥心理。除此之外他们还会担心外部信息源的易用性和成本，这使他们有效使用信息资源和信息服务的方式更多地趋向于传统和简易的信息源以及信息服务，而很少使用那些缺乏直观效果的新兴ICT技术和服务。少数民族的信息使用同样受到社会文化因素的影响，尤其会影响他们采纳外部信息的态度。少数民族对外部陌生环境感到畏惧和不信任，他们往往不使用基于现代信息技术的信息产品和服务来满足自己的信息需求，通常对外部信息资源的使用持怀疑态度，特别是老年人和妇女，很多时候会担心外部信息资源对自身已有文化和习惯进行同化，因此会拒绝使用和了解外部的信息资源。大多数外部信息资源和信息服务会因为语言文化的缘故使少数民族在理解和使用上存在诸多障碍，同时由于缺乏文化参照和信息适应方面的导向，进一步降低了少数民族使用这些服务的意愿。

少数民族的信息分享很大程度上受到社会文化差异的影响，由于生活的地域通常都比较偏远，远离现代社会发展的中心，他们对于外部社会不同文化之间的信息交流和沟通会存在理解上的偏差，在跨文化和跨民族的信息交往过程中可能对外部信息和交往活动进行选择性排斥，进而对外部社会的信息和服务存在认知上的障碍。在少数民族内部，人们拥有共同的语言和文化，故在此基础上能够建立起大致相同的认知结构和沟通方式，这种同质性使信息在少数民族群体内部成员之间能够更快地传播。由于受到口述文化和传统知识的约束，从少数民族信息分享的方式来看，以人际关系为主的面对面交流仍然是他们日常信息交流的主要方式，尤其是在涉及敏感信息传播时，族群内部的规范和结构会在很大程度上决定他们接受相关信息的意愿。

云南人口较少民族绝大多数居住在偏远的边境和山区，社会经济文化发育程度较低，使外界对其接纳度不高，所处信息环境封闭并缺乏与外界信息的交换，发展相对缓慢。针对云南人口较少民族在语言、文化、地域、族群等方面的特殊性，可以促进他们融入信息社会以实现自身发展，保障国家的社会安全和民族团结，加强云南人口较少民族的文化传承和文化保护。因此，本书首先根据云南人口较少民族信息实践的现状来考察其在族群特征影响下的信息实践，从整体上把握他们当前信息实践的处境，并在此基础上进一步识别其信息实践的影响因素。

二 样本数据获取及数据分析

中国一共有28个人口较少民族，其中云南省有独龙族、德昂族、基诺族、怒族、阿昌族、普米族、布朗族、景颇族8个人口较少民族，总人口约45万，大多数为跨境民族和直过民族。此次调研选取云南省西双版纳傣族自治州基诺山境内的基诺族和布朗族（洛特村、司土村、巴卡村、巴漂村、昆格村、普希村）、云南省怒江傈僳族自治州贡山独龙族怒族自治县境内的独龙族和怒族（龙元村、巴坡村、马库村、甲生村、双拉村）作为调研样本，调研数据通过对上述11个村落的228位村民进行面对面问卷调查来收集，影响因素相关数据则通过从中选取36位村民进行深度访谈来收集（调查问卷和访谈提纲见附录A）。面对面问卷调查数据收集完成后，由研究者根据受访者的回答进行整理并输入SPSS软件进行统计分析，描述人口较少民族的日常信息实践，归纳和总结其主要特征。

其中面对面调查问卷侧重于揭示参与者的日常信息实践，包括他们的信息需求、信息获取以及信息分享，主要由四部分组成：人口统计信息、信息需求、信息获取和信息分享。深度访谈则侧重于识别在小世界情境下，影响云南人口较少民族日常信息实践的因素。此次调研过程中多数受访者存在语言和文字上的障碍，因此问卷调查的数据主要通过面对面问答的方式获得，其中日常信息实践部分的数据，在收集原始回答记录后，再次对问答数据进行归纳和分类，并重新录入SPSS软件中进行分析。深度访谈的数据在征得受访者同意的情况下，通过与受访者谈话时的录音获取，由于一些受访者不愿意接受录音访谈，在征得受访者同意后，则由研究者及其团队成员进行手工记录，所有访谈数据都采用开放式编码的方式进行誊写和转录。在此期间，为了能够更方便和准确地收集研究数据，我们通过为每一位受访的村民准备礼物（牙膏和肥皂）来建立彼此之间的关系，同时通过跟他们一起生活（同吃同住并参与他们的活动）来建立信任关系。

总体来看，本文所选取的 11 个村落均以种植和养殖为生，其中采访对象的年龄跨度为 13～87 岁，228 位受访者中只有极少数人具有大专以上学历，而且均为在读学生，超过 70% 的家庭年收入低于 5 万元，11 个村落距离乡镇中心都较远，均没有公共交通、中小学校、图书馆、医院、商店等基础设施（见表 1）。

表 1　样本的人口统计分布

单位：%

性别		年龄		民族		教育水平		家庭收入		语言		识字能力	
男	44.4	17 岁及以下	5.6	基诺族	33.7	小学以下	18.4	1 万元以下	11.1	懂汉语	56.4	看不懂文字	38.9
		18～30 岁	26.9			小学	30.6	1 万～3 万元	23.2				
		31～40 岁	25.9	布朗族	21.4	初中	42.6	3 万～5 万元	38.9			能看懂简单的文字	43.5
女	55.6	41～50 岁	24.9	怒族	26.8	高中	5.6	5 万～7 万元	19.4	不懂汉语	43.6		
		51～60 岁	9.3	独龙族	18.1	大专	2.8	7 万元以上	7.4			能熟练地阅读	17.6
		61 岁及以上	7.4										

面对面问卷调查数据收集完成后，由研究者根据受访者的回答进行整理并输入 SPSS 进行简单的描述性统计分析，对云南人口较少民族信息实践的主要特征进行归纳和总结。深度访谈的数据则采用开放式编码的方式对数据内容进行分析，主要通过文本反

思来不断寻找与研究目标相关的主题和问题。本文的编码过程主要分三个阶段，第一步先将文本资料打散，然后根据文本中表达完整意思的语句对日常信息实践的内容进行标注，并统计标注内容在文本资料中出现的频次；第二步根据上一步标注好的信息实践的内容，在文本资料中找到与之相关的原因或条件，并根据其完整意思进行标注；第三步则将第二步标注好的原因或条件进行分类，根据各个标注之间的关联进行归并与整合，得出一个相对独立的影响因素，最后再回到原始资料中寻找支撑这些影响因素的证据，以及这些因素影响云南人口较少民族信息实践的解释（见附录 B）。

第二节　云南人口较少民族信息实践的现状描述

一　信息需求

通过对调研数据的分析可以发现，云南人口较少民族的信息需求涵盖的内容较多，在很大程度上会受到他们日常生活习惯的影响，使他们在知识和技能的获取上，更多地依赖村落中个人的传授和自身的经验，很多时候他们的需求能够在村落内部得到满足，因此他们的信息需求与日常生活息息相关（见表2）。

表2　云南人口较少民族的日常信息需求（每100人中所占比例）

信息需求	百分比
种植与养殖	67.4%
传统与习俗	49.4%
气候与环境	36.8%
技术与技能	25.7%

续表

信息需求	百分比
娱乐与新闻	19.9%
健康与医疗	15.8%
工作与职业	14.4%
国家与地方政策	13.1%
教育与培训	11.6%
消费与销售	9.1%
法律与法规	6.1%

由于人们主要以种植茶叶和收割橡胶为生，食物自给自足，因此67.4%的人想要获得有关种植和养殖的信息，这一类信息的需求相对较多，主要集中在茶叶种植与制作、橡胶采集和储存、蔬菜水果种植、家禽家畜养殖等方面。云南人口较少民族的日常生活很大程度上需要传统习俗和信仰来维系，由于他们需要持续开展相应的活动和积累相关经验，所以有49.4%的人需要关于传统和习俗的信息，主要包括传统节日、民族崇拜、习俗祭祀、音乐舞蹈等。云南人口较少民族的农耕生活很大程度上依赖自然环境和气候条件，为了能更好地适应自然环境和预测气候变化，有36.8%的人需要关注气候与环境信息，主要包括日常天气、季节性气候变化、生活及居住环境变化、自然环境适应等。由于云南人口较少民族生活的村落比较偏远，他们很难像城市中生活的人那样，能够利用社会上的各类资源和专业服务，因此很多时候他们都需要自己学习相应的技能来解决遇到的难题，有25.7%的人想要获得跟技术与技能相关的信息，包括驾驶技术、木工技术、狩猎技能、维修技能等。虽然云南人口较少民族很少参与娱乐休闲活动，也不太关注外界发生的事情，但是仍然有一部分人会寻求本民族文化之外的娱乐活动，并对外界充满了好奇，因此也有

19.9%的人想要获得娱乐与新闻的相关信息，主要包括社会事件、社会导向、社会交往、时政新闻等。云南人口较少民族对超自然力量有着不同程度的崇拜，这使他们生病时很少通过现代医疗手段来治疗，很多时候是靠一些传统的办法和经验来处理，但是在遇到一些较为严重的病症时，他们还是会试图寻求现代医学的帮助，所以有15.8%的人需要健康与医疗的相关信息，包括生殖生育、重大疾病、传染疾病等。通常情况下，云南人口较少民族过着自给自足的生活，但是仍然有一部分人特别是年轻人（他们很早就接触村落外面的生活）想接触村落以外的生活，因此有14.4%的人想要获得跟工作与职业相关的信息，包括外出就业、自主创业等信息。目前中国大力普及少数民族地区的基础教育，使云南人口较少民族开始意识到，政府能够帮助他们改变现状，所以有13.1%的人需要国家与地方政策的相关信息，包括社会保险、政府补偿政策、子女上学等。除了主动学习相应的技能，一些人也会通过学习周边村落中的成功示例或根据外界专家指导来获得一些新的生活方式和职业技能，因此有11.6%的人想要获得教育与培训的信息，包括继续教育、职业教育、技术培训等。村落中专门有人负责外出采购物资和销售农产品，但人们偶尔也会有一些特殊的需求，所以有9.1%的人需要消费与销售的相关信息，包括作业工具和原料采购、物品和产品销售等。虽然村落中的大小事务都能够由村落内部处理，但仍然存在一些内容相对复杂、利益重大的事情需要借助法律手段来解决，尤其是在跟外部社会打交道时，所以有6.1%的人想要获得法律与法规的相关信息，包括法律援助、政府征地政策等。总体来看，云南人口较少民族的信息需求建立在长期以来自身适应的生活方式和传统习俗之上，因此超出这些内容的意愿和行为在他们看来很可能是没有用的，至少是暂时不需要的。

二 信息获取

在相对闭塞的信息环境中，能够利用的有限的信息资源以及人们相对单一的信息需求，使云南人口较少民族对传统资源的信息使用相对频繁，基于族群内部的习俗与知识，他们很少主动寻求更多的信息使用技能和方式来解决当前所遇到的问题（见表3）。

表 3 云南人口较少民族的日常信息获取（每100人中所占比例）

信息获取	百分比
面对面聊天和咨询	73.1%
接听和拨打电话	34.3%
收看电视节目	27.8%
收听广播节目	20.4%
收发手机短信	17.6%
阅读纸质文献	11.1%
使用社交网络	9.3%
浏览互联网	7.4%
运用电脑软件	6.5%
使用搜索引擎	4.6%
下载网络资源	3.7%

在我们调研的村落中，人们对外界的认知相对不足，同时绝大多数人都满足于现有的知识和信息，大家平时互动频繁，彼此联系比较紧密，沟通的场所和时间都比较集中，很多困难和问题都能够在村落内部得以解决，因此有73.1%的人选择通过面对面聊天和咨询来满足其日常信息需求，涉及的内容十分广泛，包括种植养殖、生产作业、子女教育、情感生活、传统习俗、祭祀崇

拜等。除此之外，通过移动电话即时通信的方式被认为是日常信息交流的另一种补充方式，不管是跟本村落的人交流，还是跟其他村落中的人交流，甚至是跟距离较远的亲戚和朋友的交流，都能够获得相应的日常信息；调查显示有34.3%的人会通过接听和拨打电话的方式来获取信息，满足其日常信息需求，内容基本上跟面对面聊天和咨询一致，只是偶尔会获得一些比较重要的信息，同时有17.6%的人通过收发手机短信的方式来获取信息资源，内容基本上是一些他们认为比较重要的信息。云南人口较少民族村落中的媒介信息比较有限，大多数人只能够从广播和电视节目中获取外界信息，虽然有时候也存在语言和文化上的障碍，但这不妨碍有27.8%的人通过收看电视节目来获取信息资源，满足他们在娱乐和新闻方面的信息需求，不过他们偶尔也会从一些电视节目中获得新的知识和技能。相比之下，收听广播虽然也能够满足类似的信息需求，但对于云南人口较少民族来说，即便存在语言和文化上的障碍，电视节目中的内容也不完全妨碍他们从中获取信息，而广播则可能受到语言文化障碍的影响，不过收听广播节目是免费的，收音机的价格成本也远比电视机及其收看成本低，所以有20.4%的人选择通过收听广播节目来获取相应的信息，具体内容跟收看电视节目差不多。虽然云南人口较少民族村落中没有图书馆，也没有出售纸质阅读材料的书店，但村落中还是会有一些纸质文献，如外界捐献的图书、政府赠送的书籍，以及人们在外出时带回来的图书，因此有11.1%的人会通过阅读纸质文献来获取信息，内容主要包括小说、传记、养殖和种植类书籍等。虽然云南人口较少民族村落中几乎看不到电脑，也很少看到智能手机，但是年轻的群体，包括村干部、学生等，都在与外部社会的接触中了解到电脑和智能手机的功能及价值，因此有9.3%的人会使用社交网络，7.4%的人能够通过浏览互联网来获取信息，6.5%的人能够运用电脑软件来获取信息，4.6%的人会使用搜索引擎在网络上搜寻信息，3.7%的人通过下载网络资源来获取并保存信息。即便是使用ICT技术的个体，也主要是解决族群内部的问题而不是去寻求或发现跨越族群边界的新问题。

三 信息分享

云南人口较少民族的信息分享更多地集中在村落内部的血缘和亲缘关系中，对于族群外部世界的信息输入和信息输出，他们除了必要的信息交换，很多时候对于外部世界的信息分享仅仅局限于他们所熟悉和信赖的生活圈子（见表4）。

表4　云南人口较少民族的日常信息分享（每100人中所占比例）

信息分享	百分比
家庭成员	88.9%
亲戚	71.3%
族人	59.3%
朋友	33.3%
邻居	29.2%
政府工作人员	17.4%
教师	16.7%
医生	11.1%
专业技术人员	8.3%
商人	6.5%

从云南人口较少民族的生活方式来看，他们的日常信息交流和沟通很大程度上建立在血缘关系和亲缘关系之上。调查显示，绝大多数人都选择跟家庭成员（88.9%）以及亲戚（71.3%）分

享和交流日常信息，特别是相对敏感和隐私的信息，包括家庭或家族的重大利益和关系决策、突发事件、子女教育等。除此之外，他们也强调多数信息只会与本族人进行交流，有59.3%的人选择跟族人进行日常信息的沟通，包括族群的信仰和崇拜、习俗的传承等。对于朋友和邻居，多数受访者认为没有家人和亲戚，甚至是同一族群的人可靠，所以一般情况下他们会选择跟朋友（33.3%）和邻居（29.2%）交流一些相对不太重要的日常信息，包括村落中的大小新闻以及平时发生的事情。虽然云南人口较少民族以内部信息交流为主，但是也存在一定程度的外部信息交流，从外部信息交流情况来看，云南人口较少民族跟政府工作人员（17.4%）、教师（16.7%）、医生（11.1%）交流得较多，跟专业技术人员（8.3%）和商人（6.5%）交流得相对较少。从目前的情况来看，云南人口较少民族主要借助人际关系来获取信息，包括家庭、亲密朋友和其他联系人，似乎不愿意超出他们信任的联系人的圈子，这可能是因为他们周围的人被认为是可靠的、可用的和有权威的，也就是说他们依赖于自己信任的联系人的圈子和族群内部的信息源。

第三节　影响因素分析

一　影响因素

根据对深度访谈开发编码中信息实践与影响因素的关联频次统计，我们可以发现云南人口较少民族的信息需求主要受到生活习惯、个体经验以及传统习俗的影响，他们的信息获取主要受到个体经验、生活习惯、知识体系的影响，而信息分享则主要受到关系信任、族群认同和传统习俗的影响（见表5）。

表5　信息实践中影响因素的关联频次统计

信息实践	影响因素	频次	信息实践	影响因素	频次	信息实践	影响因素	频次
信息需求	生活习惯	48	信息获取	个体经验	60	信息分享	关系信任	51
	个体经验	45		生活习惯	51		族群认同	40
	传统习俗	27		知识体系	45		传统习俗	29
	知识体系	24		传统习俗	21		个体经验	18
	关系信任	18		关系信任	21		生活习惯	9
	族群认同	15		族群认同	12		知识体系	3

根据上述关联，再回到原始资料中寻找支撑这些影响因素的证据，并通过对证据的分析来解释上述影响因素是如何作用于云南人口较少民族的信息实践的。

云南人口较少民族在长期的生活中逐渐形成并传承下来的传统习俗，在很大程度上已经同本民族的习性和心理密切结合，内化到他们生活的情境中，成为其日常活动和价值判断的行为准则。传统习俗通常会以族群生活中的行动规则或判断标准的形式来自然或不自然地影响云南人口较少民族在日常生活中需要做什么和不需要做什么，如他们对自然的崇拜、对年长者的信仰、对族群传统的遵循、对族群治理方式的服从等。因此，传统习俗会限制和规定云南人口较少民族的信息需求，一些需求在这里是不应当存在的，同时也成为他们能否通过一些方式来满足某些信息需求的依据，当他们觉得这些信息符合族群的传统习俗时，才会去获取或分享信息。例如他们有族规，在这里都要根据这个规矩来判断事情是不是被族群所接受，包括祭祀、庆祝传统节日、婚丧嫁娶等，没有人告诉他们为什么要遵循，很久以前族人就是这样做的，如果不这样做，会被大家认为想脱离族群。

云南人口较少民族在日常生活中通过族群内部长期以来的经验积累和代际传承所构建起来的知识体系，不仅包括族群内部的经验知识，还包括族群认同及崇拜的传统文化知识，主要通过族群内部知识谱系和传统教育的方式进行共享和传递。云南人口较少民族的知识体系主要靠族群内部具有较高权威的个人或组织的记忆和口耳相传，一些相对特殊且跟族群长期发展相关的知识主要存在于族长或年长者的个人记忆中，其他的知识则主要依靠族群中的成员通过口耳相传的方式传递。族群中的知识体系会在很大程度上影响云南人口较少民族对日常生活中信息需求的判断和选择，同时也会限制他们运用和获取信息资源及服务的方式，还会影响其是否进一步吸收相应的信息并转化到自己的认知结构中去，例如他们一般不会去医院看医生，因为有自己的草药和办法，从祖辈开始这些就被证明是有用的，前些年政府推广优生优育政策，如何去控制生育对他们来说是令人无法理解的事情。

云南人口较少民族在长期生活中所形成的比较稳定的生活习惯源于他们对日常生活中各类活动的习惯性理解和认知，并固化为自发行为。这些习惯除了跟他们的日常生活作息有关外，还跟他们对族群内部文化的认同和理解息息相关。云南人口较少民族的生活习惯更多地倾向于原始和简单的自然生活，长期跟外界的隔绝和孤立使他们的日常生活习惯表现得十分稳定，通常情况下很难看到他们做出相应的改变，而且这些生活习惯很少受到外界活动的影响，具有较强的独立性和自主性。长期稳定的生活习惯会直接影响云南人口较少民族对日常生活中信息需求的选择意愿，尤其是在他们的日常信息实践中，云南人口较少民族很少超出他们长期固化的生活习惯而产生在此范围之外的信息需求，而且在生活习惯的支配下，他们很少会改变日常信息获取的方式以及来源。例如他们晚上入睡很早，因为有时候需要半夜或者凌晨起床收割橡胶，所以除了族里有节日或者祭祀活动外，基本上没有什么娱乐活动，每天晚上基本上就是跟家里人聊天或者看会儿电视就睡觉，平时没有事情的时候会聚在一起喝茶，聊最近族里发生的事情，或者去山上采点药、打野猪。

云南人口较少民族长期以来所形成的较为固定的个体经验主要源于他们在族群内部生活中逐渐形成的认知结构，以及不断汲取族群文化和传统知识而形成的世界观和价值观。族群内部相对稳定和规范的知识传承和经验习得，使云南人口较少民族形成了较为固定的认知结构和价值判断模式，他们在族群内部看待问题的方式相对简单，并且在很多时候不会受到外界过多的影响，这种相对规范和简化的经验积累所形成的认知结构，在族群认同和传统习俗的作用下，使他们对于信息运用和吸收的能力相对较弱。相比之下，他们更易于运用和吸纳简单化、实体化的信息而不是复杂化和抽象化的信息。例如他们文化水平不高，多数只上到初中就回家种茶叶了。他们掌握的种茶技术都是从父辈那里学来的。那个时候都是跟父辈一起去山上干活，边看边学习，然后学会了永远也忘不掉的技术，并能进行一定的变通和总结。

云南人口较少民族在族群内外资源的交换过程中对各种事物以及他人的信任源于他们对族群内部结构及社会关系的认同和理解，并且建立在比较稳定的社会关系网络中。族群内部的亲缘关系和血缘关系使云南人口较少民族十分信任由此形成的社会关系网络和资源交换结构，族群中的成员在分享信息时会因为该群体中个体之间来往紧密、交流充分以及强烈的认同感，而使他们的信息分享仅仅建立在族群内部的信任关系的基础上，从而降低其在信息传播过程中所面临的不确定性,尤其是在族群内部的信任关系中,多数个体都认为自己有更多的合作行为,因而具有较强的信息传播意愿,同时能够使该群体中的成员在信息传播过程中形成较强的信任关系。一般情况下,他们通常不会越过族群内部的这层信任关系去跟外界交换信息,也很少主动接纳外界中陌生关系所发起的资源交换请求。例如,他们很多事情一般只会跟家人说,因为他们不会将一些事情散播出去,并且会给一些建议。他们有时候也会把一些无关紧要的事情跟朋友沟通,尤其是平时大家闲聊时,会说一些事情。

云南人口较少民族的族群认同建立在族群内部传统习俗和知识体系之上,同时这不仅表现为对社会规范的遵循,还表现为对族群内部文化和习惯的主动感知和持续汲取。云南人口较少民族对于族群内部传统文化的这种强烈的认同感和依附心理,使他们能够持续地保持着生活文化上的独立性和自主性;而对于族群信任关系之外的社会交换关系,他们很难在族群认同的影响下获得更多有效的沟通和协作。多数云南人口较少民族会对外界文化有一定的偏见,这使他们很有可能通过排斥或阻断信息传播的方式来避免外部信息在族群内部交流和传播,同时在涉及风险选择和利益关联的重要信息时,他们可能会根据族群内部的经验知识,改变相关信息的原有属性或内容后再进行传播,从而导致云南人口较少民族很难跟外界信息进行交换和分享。同时为了防止外界信息对云南人口较少民族族群内部传统习俗和生活习惯的干扰,他们也有可能采取回避的方式使外部信息难以进入族群内部。例如他们基本上只跟自己家里人联系,村主任和书记会跟外面的人联系,这里很少有外族人来,他们平时也不怎么出去,本族的人经常会聚在一起讨论自己的事情,但是如果有外族人在场,他们就会换一个地方或者直接到家里去讨论。

二 小结

总体来看，云南人口较少民族的日常信息实践深深地根植于他们的社会文化和生活环境，因而会受到其族群特征和传统文化的影响。无论是其信息需求的产生及表达，还是信息获取的来源和方式，以及信息分享的对象和范围，都受其主体特征和所处情境的束缚，由此产生的信息实践不仅缺乏汲取动力和交换资源的能力，还被隔离在一个相对封闭的信息环境中，使他们的认知结构和生活方式只在族群内部传承，形成相对稳定的族群规范和世界观。同时族群内部的个体成员缺乏接触外部信息资源、信息技术和信息服务的意愿和机会，导致他们的自我意识和行动导向进一步对外部环境中与族群规范和知识体系相对立的信息进行排斥、选择及过滤，并在一定程度上限制了其原本可以内容更加丰富、动力更加充沛的信息实践，最终造成了他们与外部社会成员在信息实践上的差距及其在信息社会结构中所处的不利位置，从而引发了云南人口较少民族信息贫困的问题。

在此基础上，本书在第五章中将根据云南人口较少民族的日常信息实践，借助查特曼的圆周生活理论，进一步识别云南人口较少民族在圆周生活下的信息搜寻行为，深入考察其信息贫困的成因和表现。

| 第五章 |

云南人口较少民族圆周生活下的信息搜寻

第一节　查特曼的圆周生活理论

一　圆周生活理论与少数民族的信息搜寻

查特曼在信息行为研究中提出了"小世界"的语境，"小世界"描述的是成员之间有着相似的观点和关注点，并且因为他们独特的习惯和语言而相互理解的世界[1]。继查特曼之后，其他信息科学家也试图探索由不同群体或人群组成的小世界，包括 Edwards[2]、Folb[3]、

---

[1]　E. A. Chatman, "Life in a Small World: Applicability of Gratification Theory to Information-seeking Behavior", *Journal of the American Society for Information Science* 42 (1991): 438 - 449.

[2]　S. L. Edwards, "Re-conceptualizing the Information Use Environment: Enablers of and Constraints to Human Information Behavior in Hospice Care Volunteerism in the Southeastern Appalachian Region", Ph. D Thesis, University of Tennessee, USA, 2012.

[3]　B. L. Folb, "Information Practices of Disaster Preparedness Professionals in Multidisciplinary Groups", *Journal of Proceedings of the American Society for Information Science and Technology* 47 (2010): 1 - 9.

Kazmer①、Pettigrew②、Dankasa③。查特曼建立了许多理论来探索边缘人群的信息行为，包括小世界信息行为④、圆周生活理论⑤、信息贫困理论⑥。其中圆周生活理论是从对狱中妇女的研究发展而来的，查特曼认为，圆周生活是指成员能够共同理解群体中表达使用的语言含义，以及成员所共享和遵循的价值观，这些价值观在很大程度上定义了哪些信息是可以接受的，哪些信息应该是被排斥在圆周生活之外的。

圆周生活理论是建立在四个概念——小世界、社会规范、世界观和社会类型之上的，并由此归纳出六个命题。小世界被定义为一个共享意见和规范的社群，包括语言、习俗、社会规范和世界观，以使其成员产生强烈的认同感。社会规范是小世界内部建构的行为准则，体现了对事物的规范性、正确性和可接受性的共同感知，为小世界内部成员提供秩序感和方向感。世界观是小世界成员所持有的集体信念和共同价值，它为小世界内部成员的行为提供价值系统和选择集合。社会类型是与其他成员在角色和特征上的划分，包括局内人和局外人的划分。小世界的"社会规范"

---

① M. M. Kazmer, "Information Use Environments of African-American Dementia Caregivers over the Course of Cognitive-behavioral Therapy for Depression", *Journal of Library and Information Science Research* 35 (2013): 191 – 199.

② K. E. Pettigrew, "Conceptual Frameworks in Information Behavior", *Journal of Annual Review of Information Science and Technology* 35 (2001).

③ J. Dankasa, "Information Use Environment of Religious Professionals: A Case Study of the Everyday Life Information Seeking Behavior of Catholic Clergy in Northern Nigeria", Ph. D thesis, University of North Texas, Denton, TX, 2015.

④ E. A. Chatman, "Life in a Small World: Applicability of Gratification Theory to Information-seeking Behavior", *Journal of the American Society for Information Science* 42 (1991): 438 – 449.

⑤ E. A. Chatman, "A Theory of Life in the Roun", *Journal of the American Society for Information Science* 50 (1999): 207 – 217.

⑥ E. A. Chatman, "The Impoverished Life-world of Outsiders", *Journal of the American Society for Information Science* 47 (1996): 193 – 206.

决定着小世界成员对信息需求的感知、信息渠道的选择及信息价值的判断;小世界成员对信息的吸收与运用跟小世界成员独特的"世界观"紧密相关;"社会类型"中局内人和局外人的界限,使他们很少主动地向外部世界寻求信息。

圆周生活理论的六个命题如下所述。第一,小世界概念对圆周生活很重要,因为它使小世界内的其他人合法化并设定了行为边界;第二,社会规范使个人行为接受成员监督并决定行为是否合适;第三,合适的行为促成了世界观,包括语言、价值、意义、符号,以及将世界观纳入特定时空的情境;第四,对大多数人来说,世界观决定了圆周生活,在绝大多数时候事情都是可预测的,除非关键问题发生,否则成员没有必要寻求信息;第五,圆周生活中的成员不会跨越小世界边界去寻求信息;第六,只有当下述情况发生时,个体才会跨越小世界边界去获取信息:信息被认为是关键或重要的、信息被认为是跟多数人都相关的、圆周生活将不再只作用于一个小世界①。其中第五个命题对于全书至关重要,该命题认为圆周生活中的成员将不会跨越他们的生活边界去搜寻信息,因而对其信息行为会产生消极的影响。

小世界情境描述了同一个世界里的成员有着相似的观点和关注点,他们相互理解,因为有着独特却又共享的习俗和语言;小世界成员的世界观极其相似,因为他们有着相似的生活经验和生活习惯,知道谁在小世界中是重要和可靠的,并且对哪些信息资源是重要的以及如何获取这些信息资源有着较为一致的认识。查特曼进一步指出,作为局内人(insider)的小世界成员,拥有共同

① 王素芳:《信息与贫困:埃尔夫瑞德·查特曼的小世界信息行为理论述评》,《图书情报知识》2015 年第 6 期,第 67 页。

的社会规范和价值理念，从而对周围的事物有着共同的理解。因此，他们把不具备这些共同特征的人视为局外人，并对其隐瞒某些信息，有时是因为他们觉得外人不了解自己的世界。查特曼将此与信息搜寻行为联系起来，认为局内人的保护行为会阻止他们从外部人员那里寻求相关信息或与他们共享信息，这可能对局内人获取和使用的信息种类产生负面影响。

少数民族的信息搜寻不仅会受到其所处生活环境及外部社会的影响，还会受到族群特征的影响。从目前来看，在少数民族的日常信息搜寻过程中，经济贫困、资源缺乏、教育水平不高、语言能力弱、文化传统等会限制少数民族搜寻信息的需求和意愿。由于少数民族的教育和文化水平不高，当地经济发展落后，他们趋向于获取相对传统和简易的信息，同时对于新兴技术和服务的使用意愿也在很大程度上取决于使用效果的直观程度。少数民族的信息需求与其日常生活息息相关，他们所处的社会生活环境会使其信息需求跟其他群体存在一定差异。

少数民族对于外部社会不同文化之间的信息存在理解上的偏差，从而不会过多地获取对少数民族内部价值、规范和准则存在冲击和破坏的信息。由于少数民族搜寻信息的意愿不强，需求也相对集中，再加上他们的信息搜寻会受到口述文化、传统知识、生活习惯、认知能力的约束，这使他们搜寻信息的渠道和来源也比较固定。少数民族相对集中的信息需求同样会限制他们获取信息的方式，他们会考虑信息获取的易用性和成本，这使他们从一开始就尽量选择能够被他们所感知和理解的信息来源。

少数民族所处的地理位置、经济上面临的贫困处境以及基础教育资源的缺乏使他们的信息搜寻通常存在一定的局限性。由于语言文化存在差异，他们对外部信息存在理解上的障碍，同时缺乏文化适应方面的导向，这一切都增加了他们获取外部信息的难度。少数民族的信息搜寻会受到其自身能力和民族特征的影响，同时外部社会所提供的信息和信息服务通常难以契合他们的需求，导致多数信息来源及信息获取技能难以进入他们的视野范围。

由于云南人口较少民族有自己的生活方式和传统习俗，他们对于生活的理解有着自己的诠释方式，因此借助圆周生活理论来考察云南人口较少民族的信息搜寻，可以验证查特曼的圆周生活理论的有效性，同时能够进一步确认族群特征是否对其信息搜寻产生相应的影响。

二　样本数据获取与分析步骤

本章借助查特曼的圆周生活理论，在已有少数民族信息搜寻研究的基础上，进一步考察云南人口较少民族的信息搜寻行为。此次调研的地点位于昆格村，该行政村隶属云南省西双版纳傣族自治州景洪市勐养镇，地处勐养镇南部。

数据主要来自对 45 位布朗族人进行的深度访谈，主要问题包括：（1）你在日常生活中都会做什么？你在日常生活中需要哪些信息？（2）你平时主要跟谁联系？你在日常生活中可以通过哪些方法和技能来获取你想得到的信息？（3）你在日常生活中是否会遇到一些困难？你通常是如何解决这些困难的？（4）你能告诉我一些关于你们族群文化的事情吗？族群的传统或者族群的文化有没有影响你搜寻相关信息？深度访谈的数据在征得受访者同意的情况下，通过与受访者谈话时的录音获取，由于一些受访者不愿意接受录音访谈，在征得其同意后，则由研究者及其团队成员进行手工记录，所有访谈数据都誊写和转录到计算机可识别的文档中①。在此期间，为了能够更方便和准确地收集到研究数据，我们通过为每一位受访者准备礼物（牙膏和肥皂）来与他们建立沟通关系，同时通过跟他们一起生活（同吃同住并参与他们的活动）来建立信任关系。

对调研数据的分析主要通过三个层次的质性资料编码分析来完成②（见表6）。第一层次的编码首先把文本资料打散，根据受访对象的陈述进行合适的主题标注，并按照搜寻信息的对象进行分类和统计，如把"因为每个月只能见到女儿一次，为了解她在学校的情况，我有时候会联系我女儿的班主任老师询问她在学校的情况"标注为"子女教育"，把搜寻信息的对象标注为"教师"并记录其在文本中出现的频次。第二层次的编码从文本数据中标注出已有研究或相关理论中涉及本书研究内容的一些主题，如把"我们很多时候要为一些传统的仪式做准备，这时需要去族长那里查阅族谱，并询问族长今年的仪式是否会有一些特殊的要求"标注为"族群规则"。第三层次的编码先根据彼此之间的关联将第二层次标注的主题分成相对独立的类别，如根据标注之间的关联，将风俗文化、宗教信仰、族群规则、族群知识等都归为"传统习俗"类别，将传统观念、生活经验、生活习惯、认知结构等都归为"生活方式"类别，将文化崇拜、关系信任、情感依附、价值认同等都归为"族群认同"类别，然后再根据这些类别中人口较少民族搜寻信息的对象，将信息搜寻分为两类，一类为跨越族群的信息搜寻，另一类为族群内部的信息搜寻（见附录C）。

① J. W. Creswell, *Research Design: Qualitative, Quantitative and Mixed Methods Approaches*, Thousand Oaks, CA: Sage, 2014.

② J. W. Creswell, *Research Design: Qualitative, Quantitive and Mixed Methods Approaches*, Thousand Oaks, CA: Sage, 2014.

表 6 质性资料的编码过程

划分类别	对应的原因标注	聚类后的影响因素
族群内部的信息搜寻	风俗文化、宗教信仰、族群规则、族群知识	传统习俗
	传统观念、生活经验、生活习惯、认知结构	生活方式
	文化崇拜、关系信任、情感依附、价值认同	族群认同
跨越族群的信息搜寻	契合情境	公共领域
	抵触情境	紧急迫切

第二节 云南人口较少民族圆周生活下的信息搜寻

一 族群内部的信息搜寻

云南人口较少民族日常信息搜寻的对象主要集中在他们信赖和熟悉的社会中，绝大多数信息搜寻都发生在族群内部，包括日常生活所需的基本信息，多数云南人口较少民族强调他们只会在族群内部搜寻本族传统中被认为是相对重要和私密的信息，包括家庭或家族的重大利益和关系决策、信仰崇拜、传统习俗等信息。从对质性资料的编码分析和在上一章的研究发现来看，多数情况下，云南人口较少民族选择在族群内部而不愿意跨越族群边界搜寻某些信息的原因主要有三个：传统习俗、生活方式、族群认同。

传统习俗构建了云南人口较少民族小世界情境中的社会规范，包括他们在长期生活中逐渐形成并延续下来的社会风俗和行为规范，以及在日常生活中通过族群的经验积累和代际传承所形成的共同认知。传统习俗会与云南人口较少民族的族群特征和心理特质密切结合，成为他们的行动准则，通常会在族群中以规则或准则的形式来影响其在日常生活中的需求，如云南人口较少民族对自然的崇拜、对年长者的尊敬以及通过传统方式来治理族群等。传统习俗会通过在云南人口较少民族的行动过程中预先设定相应的价值理念来干预和限制他们搜寻信息的意愿和内容，同时也成为他们是否通过一些特定的途径或方式来搜寻信息的依据。云南人口较少民族在长期生活中的经验积累和代际传承会逐渐形成一些共享的价值和规范，这会使他们的信息搜寻在很大程度上受到其传统习俗的影响，如他们更倾向于搜寻茶叶和橡胶制作、蔬菜水果种植、家禽家畜养殖、宗教传统等方面的信息。与此同时，当他们开始搜寻信息时，会根据这些规则和理念来判断他们需要哪些信息，从哪里以及如何获取这些信息。例如，访谈对象 P027 说道："我们有族规，很多事情在我们这里都要根据规矩来判断它是不是被我们族群所接受，包括祭祀、庆祝传统节日、婚丧嫁娶等，比如每年的祭祀活动，我们只能从族长那里查阅族谱和族规来确定今年的活动需要做哪些准备，这些事情是不可以去询问其他人的，也没有人告诉我们为什么要遵循这些规矩，你可以不这样做，但会被大家认为你想脱离族群，就像我很小的时候就被告知祭祀活动期间任何娱乐活动都是被禁止的，这个时候即便是看电视也不行，更不允许年轻人在活动期间玩手机或谈论跟祭祀活动不相关的话题。"

传统习俗中的共同认知主要表现为云南人口较少民族的知识体系，它主要靠族群个体的记忆和口述的方式传承下去，一些特殊的知识主要留存于族长或年长者的个人记忆中，其他知识则主要依靠族群中的成员通过口述的方式传递。族群中的知识体系会在很大程度上影响云南人口较少民族搜寻信息的策略和对象，他们相对传统和一致的知识体系会限制其在信息搜寻过程中对信息来源的判断和选择，同时也会决定其获取信息的方式，以及是否会进一步吸收相应的信息并转化到自己的认知结构中。云南人口较少民族更依赖于族群内部相对自然的知识体系和长期以来自身所积累的生活经验，很多时候他们的信息需求在族群内部就能够得到满足，因此他们倾向于搜寻相对简单和传统的信息，通常这些信息既能够被他们现有的认知所理解，又符合其主观接受意愿，如传统器物、口述经验等。那些既不符合族群传统和规则，又超出他们的认知和接受范围的外部信息在他们看来很有可能是没有用的，至少是暂时不需要的。云南人口较少民族的知识体系导致他们在遇到问题时多采取相对传统的方式去看待和理解它们，并相信在族群内部就能够找到相应的解决办法。例如访谈对象 P013 谈道："我们一般不会看汉族医生，因为他们的很多治疗方式和技术都跟我们传统的理念和知识相违背，比如前些年政府推广优生优育政策时，鼓励我们在生育之前服用一些药物，并按时做相关的检查，在我们看来生育是自然过程，不需要人为控制和干涉。我们对于生育孩子有自己的一套办法，从我们的祖辈开始这些办法就被证明是有用的。"

生活方式决定了云南人口较少民族小世界情境中的世界观，主要包括在日常生活中人们所形成的比较稳定的行为习惯、认知模式和心理特质。云南人口较少民族的生活方式更多地倾向于原始简单的自然生活，长期跟外界相隔绝使他们的生活习惯十分稳定，很多时候他们也难以改变这种固定的生活方式。云南人口较少民族对族群内部生活方式的遵循，可能使他们的信息需求更多地受到社会文化背景、价值观的影响，因为个体面对与原有的社会文化背景及生活方式不一致的信息来源时会存在信息行为上的不确定性，因此在不确定性尚未消除前，他们很难主动接触这些可能与他们已有的生活方式存在冲突的信息来源。长期形成的这种相对稳定的生活方式使他们不会过多地关注外界事物的发展，同时也不会过多地考虑自己生活方式的变化，因此云南人口较少民族信息搜寻的范围会比较集中，信息获取的方式和途径也显得比较单一，每天仅仅通过面对面聊天或者当面咨询的方式就能够满足绝大部分的信息需求。例如，访谈对象P028谈道："我觉得我们现在的生活方式很简单，也不需要改变，反而是你们城里人的生活方式太复杂。我们很多时候，晚上睡得很早，因为有时候半夜或者凌晨就要起来收割橡胶，所以除了族里有什么节日庆祝或者祭祀活动，平时基本上没有什么其他的娱乐活动，每天晚上就是跟家里人聊聊天或者看会儿电视就睡觉了，白天干活闲下来的时候会跟族里的人聚在一起喝喝茶，聊聊最近族里发生的事情，或者去山上采点药、打野猪等，长期以来就是这个样子的，所以我们很难关注外面发生的事情，也没有时间和精力去打听这些事情。"

与此同时，族群内部的知识传承和经验习得，会使云南人口较少民族形成较为固定的认知结构，他们看待问题的方式相对简单和固化，不会受到外界过多的影响。这种相对简化的生活方式所形成的认知模式，使他们对于信息运用和吸收的能力相对较弱，相比之下他们更愿意获取简单化、实体化的信息而不是复杂化和抽象化的信息。云南人口较少民族在日常生活中对于很多问题的解决办法已经形成一种族群内部资源优势的思维定式，他们在传统生活中所形成的认知结构导致他们更容易理解和接纳族群内部的知识和经验，甚至对外部信息的理解和获取产生偏见和困难。例如，访谈对象P010谈道："之前有专家到我们这里教我们种茶叶，他虽然知道一些重要的技术，但是我觉得他不懂我们这里茶叶种植的特殊性，而且讲的内容太复杂，最重要的是他不理解我们这里种植茶叶的文化和传统，他们的很多技术跟我们的很多传统知识都是相矛盾的，从祖辈传下来的知识和经验告诉我们茶叶的种植要讲究自然生长，包括我爷爷、爸爸，都是人工除草，那样更符合自然规律，这样种出来的茶叶才具有天然的茶香。我儿子上到初中就回家跟我一起种茶，我现在教我儿子的也一样，这些知识和理念都是从我爷爷和爸爸那里学来的，那个时候我没上过学，我们族很多像我这个年纪的人都没怎么上学，因此我们跟着父辈们一起去山上干活，他们手把手地教，我们就边看边学，就这样学会了，而且简单，没有专家讲的这么复杂。"

族群认同导致云南人口较少民族在小世界情境中产生了对社会类型中局内人和局外人的划分，包括他们对自身族群的崇拜和情感上的依附，以及对族群内部事物和他人的信赖。云南人口较少民族对于自身族群的这种强烈的认同感和依附心理，使他们在文化上保持着相对独立性。对于族群信任关系之外的成员关系，他们很难进行有效的沟通和协作，多数云南人口较少民族对外界的价值观有一定的疏离感，这可能通过阻断信息传播或扭曲信息内容的方式来影响信息在族群内部传播，尤其是涉及风险选择和利益相关的信息时，他们很难向外界搜寻信息。同时为了防止外界信息对人口较少民族族群内部传统习俗和生活方式的干扰，他们可能采取阻隔的方式使外部信息难以进入族群内部。在日常生活环境中，云南人口较少民族通常不愿意跨越族群向外界搜寻信息，因为信息资源的成功获取取决于拥有这些资源的个人的关系以及个人在社会结构中所处的位置。因此，社会网络会限制或允许个体进行信息搜寻，与处于不同层级的人相比，处于同一层级的人往往因为所处的情境和个体特征更相似，而更容易向彼此搜寻相似的信息。例如，访谈对象 P031 谈道："我们村是一个大家族，很多时候族人就是亲戚。我们这里很少有外人来，也很少有人外出，前几年有几个年轻人去外面打工，很长时间都没有他们的消息，后来听族里人说他们参与了边境的贩毒活动被抓起来了，反正很长时间我们都觉得外面的社会很复杂也很危险。虽然我们的物质生活没有外面好，但是这里的生活很单纯也很平静。平时很多时候我基本上只跟自己家里人联系，前些年也有一些外面的人想在我们这里投资茶厂，但是族长和其他年长的人都坚决反对，认为他们的进入会让我们的传统丧失，总之外面的事情我们村主任会去处理，如果有什么问题我们会通过村主任跟外面联系，因此我们平时很少直接联系外面的人。"

族群认同下的亲缘和血缘关系使云南人口较少民族十分信任由此构建起来的合作网络，族群中的成员在搜寻信息时会因为该群体中个体往来频繁、交流充分以及强烈的认同感，而仅仅在族群内部的信任关系中搜寻信息，从而降低其在信息搜寻过程中面临的不确定性，而且他们通常不会越过这层信任关系向外界搜寻信息。云南人口较少民族对本族人非常信任，认为这是一种自然而然的情感依附，因为大家都十分认同族群的传统和规则，而非本族的人并不会理解这种传统和规则，因此很难跟族群外的人建立信任关系，从而进一步加强了云南人口较少民族对族群内部资源的认同和依附。例如，访谈对象 P039 谈道："我们闲下来时会经常聚在一起聊天，但是如果有外族人在旁边，我们就会换一个地方或者干脆到家里说，因为我们都认为外族人不理解我们的习俗，当我们谈论一些他们无法理解的事情时，他们会觉得我们族的人都很奇怪，例如有一次邻近村落的汉族妇女来她亲戚家做客，我们没把她当外人看待，但当她听到我们给刚出生不久的孩子刺染（文身）上蛇的图案时，她就赶紧找借口离开了，所以后来有外族人在场时，我们一般不会讨论本族的事情，或者避开他们再讨论。"

二　跨越族群的信息搜寻

虽然云南人口较少民族的信息搜寻主要发生在族群内部，但也存在外部信息搜寻行为。他们偶尔会从政府工作人员、教师、医生、专家和商人那里搜寻保健、法规、教育、消费、技能等相关信息。

从参与者提到的他们从非本族人群那里搜寻信息的一些例子可以看出，云南人口较少民族向外搜寻信息一般分为两种情况，第一种情况是他们向外搜寻信息不会对族群内部的理念和规则造成破坏。在这种情况下，一方面当他们所搜寻的信息已经出现在公共领域时，他们可能会跨越族群边界向族群外部那些被认为是可用的对象搜寻信息。例如，访谈对象 P045 说道："我们村里没有学校，所以我们的小孩都必须到离村子很远的乡镇上学，村里的很多孩子，包括我们自己的孩子，一般都是一个月左右回来一次，平时孩子的学习生活情况我们也不是很清楚。虽然现在跟孩子联系的次数多了，但还是不太放心，后来听村里的老人说隔壁村的汉族妇女们会经常向孩子的班主任了解孩子上学的情况，于是近年来，大家也开始通过自己的途径和办法来了解孩子在学校的情况。当得知我侄女的同学在乡里的小学教书时，我就主动请侄女帮忙介绍她同学给我认识，然后我就试着向她打听孩子在学校的一些情况。"

尽管一些信息没有完全出现在公共领域，但如果这些信息被大多数人口较少民族所关注，那么他们也可能跨越族群边界向族群外部那些被认为是可靠的对象搜寻信息。例如，访谈对象 P035 说道："我们主要靠种植茶叶来维持生计，5 年前，我们的茶叶主要还是依靠村主任跟外界联系或者政府提供的其他渠道来销售，但是最近几年茶叶市场发生了巨大的变化，以往那种统一销售的茶叶价格有时候会使我们亏损很多，于是村里的一些人开始不再依靠当地政府，而是主动联系外地的茶商了解当前茶叶市场的行情，从而得到最优的茶叶销售价格，例如我舅舅家前些年通过自己联系的广州茶商，将古树茶卖到三千元一公斤，这对我们来说是难以想象的，后来通过他的介绍，我们家也联系到一家福建茶商，不过每年茶叶的价格波动很大，这就需要我们不断寻求最优的茶商。"

第二种情况是他们搜寻的这些信息会与族群内部的规则和理念构成冲突，在这种情形下，当人口较少民族面临一些相对紧急和重要的问题时，他们可能会跨越族群内部的边界向外部搜寻信息，尽管搜寻这些信息会对族群内部的规则和理念构成冲突。例如，访谈对象 P013 说道："我们族的信仰和传统，都强调妇女的自然生育，即便这些年政府一再强调优生优育的重要性，也改变不了我们的看法，但存在一些非常特殊的情况，如我哥哥都快 40 岁了，家里一直没有孩子，后来有一次省里的专家到乡里来给大家做检查，当时我哥跟我嫂子因为要去乡里买种子，就问我要不要去看那位医生，我当时就劝他们还是不要去了，这样会让其他族人看不起我们的，但是他们考虑了一整晚，第二天就跟那位医生要了联系方式。后来我哥跟我嫂子就瞒着我爸妈去省城找到那位医生并接受治疗，过了几个月，他们俩回来以后还不断地联系那位医生，还悄悄地吃着医生给他们开的药，第二年，我嫂子就怀上了孩子，不过这件事情我哥一直没敢告诉我爸妈，他也不让我跟其他人提起，不然族里的人肯定会认为这个孩子不是我哥跟我嫂子的。"

同样，当人口较少民族面临一些在族群内部无法解决的问题时，他们仍然有可能跨越族群边界向外部搜寻信息，尽管搜寻这些信息会对传统习俗造成一定程度的破坏。例如，访谈对象 P037 说道："近年来，由于茶叶的价格上涨，村里人的收入不断提高，加上原先老旧的住宅由于年久失修存在安全隐患，于是他们开始扩建或者重建自己的住宅，因为我们基诺族的房屋建筑风格和结构比较特殊，所以我们的房屋修建都由本族人中专门的师傅来建造，但是政府的一些政策法规对我们的建筑标准提出了新的要求，因为本族人中传统的师傅难以按照新的要求设计传统建筑，这时如果我们仍然按照传统的建造结构来修建房屋的话又会违反法律，于是不得不寻求县城里工人师傅的帮助，在我们要求的基础之上重新根据法律法规来设计房屋结构，同时要求工人师傅能够最大限度地保留本族传统房屋的结构和风格。尽管如此，族里一些年长的人认为新的建筑已经偏离了基诺族传统建筑的风格，所以他们大多选择放弃扩建或重建住宅。"

从以上受访者的陈述中可以发现，当人口较少民族想搜寻的信息已经出现在公共领域并且被大多数人所关注，或当他们面临一些在族群内部无法解决的比较紧急和重要的问题时，他们就有可能向族群外部搜寻信息。

第三节　圆周生活对云南人口较少民族 信息搜寻的影响

一　信息搜寻模式

在圆周生活的影响下，云南人口较少民族所遵循的文化传统使他们尽可能避免搜寻那些与族群内部的传统和知识产生冲突的信息，这导致云南人口较少民族的信息搜寻受到诸如信息回避或选择性过滤等信息行为中消极因素的影响。云南人口较少民族的信息搜寻很大程度上与他们所处的地域环境及其生活习惯相关，他们长期生活在相对闭塞的信息环境中，会共享他们在族群内部传承下来的知识体系，形成比较稳定的行为方式、认知模式和心理特质，并随着时间的推移逐渐内化到他们的生活经验和行为习惯中来，使多数获取外部信息的渠道和方式难以进入他们的视野范围。与此同时，云南人口较少民族对传统资源的利用相对频繁，从中能够获得丰富的信息，这使他们很少主动寻求更多的途径和方式来解决当前所遇到的问题。云南人口较少民族在长期的生活中对于自身族群的崇拜以及情感上的依附，包括对族群内部事物以及他人的信赖，会使他们形成较为固定的认知模式和价值判断，很多时候他们难以改变这种固定的生活方式，并在通常情况下更易于接受简单化、实体化信息，久而久之这种稳定的文化认同和情感依附使他们在搜寻信息时会对外部信息产生一定程度的偏见。族群认同会使云南人口较少民族对于自身族群的传统习俗、生活方式以及族群内部的成员关系产生强烈的认同感，由此构建了族群内部的规范，云南人口较少民族会因此排斥不符合族群内部语言、习俗、知识、理念、关系的信息，也很少主动向外部世界搜寻信息。

与此同时，云南人口较少民族向外搜寻信息一般分为两种情况，第一种情况是他们搜寻信息时不会对族群内部的理念和规则构成破坏，那么当他们所搜寻的信息已经出现在公共领域或者是这些信息被大多数人所关注时，他们就可能跨越族群边界向族群外部那些被认为是可用和可靠的对象搜寻信息，如维持生计、子女教育等方面的信息。第二种情况是他们搜寻的这些信息会对族

群内部的规则和理念造成破坏，在这种情形下，当人口较少民族
面临一些相对紧急和重要的问题或者在族群内部无法解决的问题
时，他们可能会跨越族群内部边界向外部搜寻信息，尽管搜寻这
些信息会对族群内部的规则和理念造成破坏。

在小世界情境中，云南人口较少民族在传统习俗、生活方式
和族群认同的作用下会产生相应的信息需求，其中他们所需要的
信息包括与日常生活、公共领域相关的信息和相对比较紧急或重
要的信息，然后他们会根据所要搜寻信息的内容和来源采取两种
不同的信息搜寻方式（见图 2）。第一种情形是符合小世界情境的
信息搜寻，绝大多数云南人口较少民族的信息搜寻都符合这种情
况。他们会根据所需信息的内容及来源跟小世界情境中的传统习
俗、生活方式和族群认同进行比较，如果所需信息的来源和内容
符合小世界情境，他们则会直接借助族群内部的资源、知识、关
系来满足其信息需求。此时信息需求如果得到满足就有可能产生
新的需求，但如果信息搜寻在族群内部无法完成，则有两种可能：
第一种可能是他们会对搜寻方式和内容进行调整后再在族群内部
搜寻信息，如果仍未搜寻到相关信息则有可能放弃；第二种可能
是他们会尝试跨越族群边界搜寻相关信息，直到相应的信息需求
得到满足，如果仍未得到满足则会放弃此次搜寻。第二种情形是
违背小世界情境的信息搜寻，只有极少数人会被动地尝试这种搜
寻行为。云南人口较少民族根据所需信息的内容以及来源跟小世
界情境中的传统习俗、生活方式和族群认同进行比较，如果二者
相冲突，他们则会避免在族群内部进行信息搜寻，会跨越族群边
界向外部搜寻信息，此时信息需求如果得到满足则有可能产生新
的需求；如果此次信息搜寻在族群内部无法完成，他们有可能对
搜寻方式和内容进行调整后再在族群外部搜寻信息，如果仍未能

搜寻到相关信息则有可能放弃此次搜寻。

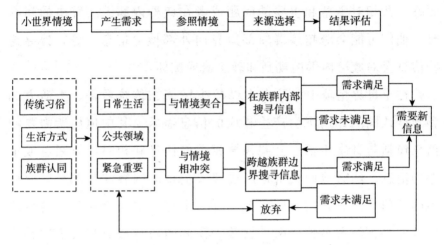

图2　小世界情境下云南人口较少民族的信息搜寻

二　小结

通过研究发现，圆周生活下的信息搜寻从内容和边界上限制了云南人口较少民族获取信息的感知和意愿，他们在生活中的经验积累和代际传承逐渐形成了一些共享的价值规范，这使他们的信息搜寻在很大程度上受到其文化传统和族群特征的影响。同时他们更信赖族群内部相对自然的知识体系和长期以来自身积累的生活经验，从而尽可能避免搜寻那些与族群内部的传统和知识产生冲突的信息。他们长期生活在相对闭塞的信息环境中，很多时候其信息需求在村落内部就能够得到满足，因此他们更倾向于搜寻相对简单和传统的信息，会共享他们在族群内部传承下来的知识体系，形成比较稳定的行为方式、认知模式和心理特质，并随着时间的推移逐渐内化到他们的生活经验和行为习惯中来。族群认同使云南人口较少民族对自身族群的传统文化、知识体系、生活习惯以及族群内部的成员关系产生了强烈的认同感和依附心理，这种强烈的认同感构建了族群内部的规范，使其排斥不符合族群内部语言、习俗、知识、理念、关系的信息，并很少主动向外部世界搜寻信息。

因此，圆周生活下的云南人口较少民族不会过多地关注外界事物的发展，也很少主动地改变他们现有的生活方式，从而使其更容易理解和接纳族群内部的知识和经验。他们在日常生活中对于很多问题已经形成了一种完全依赖"族群内部资源"来解决的思维定式，当他们能在族群内部获取信息来解决他们在相对闭塞的生活环境中所遇到的问题时，则不会跨越族群内部边界向族群外部搜寻信息，只有在他们想搜寻的信息已经出现在公共领域并且被大多数人所关注，或者面临一些在族群内部无法解决的比较紧急或重要的问题时，他们才有可能选择向族群外部搜寻信息。

综上所述，族群内部相对封闭和阻隔的信息搜寻决定了云南人口较少民族的信息需求和信息获取难以跨越圆周生活的界限，从而导致其信息搜寻过程中的结构和方式单一、内容和范围固定、认知和理念固化。只要没有主动持续地跨越圆周生活的边界向外界寻求信息，他们就很难摆脱圆周生活中小世界情境、社会规范、世界观以及社会类型的影响，在传统习俗、生活方式和族群认同的影响下，他们很可能长期处于信息贫困状态。

|第六章|

云南人口较少民族族群认同下的信息传播

第一节　族群视域下的信息传播

一　少数民族的信息传播

虽然全球化、信息化在持续推进，世界各国少数民族的人口在不断减少，但其数字鸿沟仍然在加剧①，为促进其积极接触现代信息传播媒介、熟练掌握现代信息技术并能迅速融入现代信息社会，需要重新审视信息在人口较少民族群体中的有效传播。当今世界上大部分少数民族长期处于封闭的信息环境中并缺乏与外界的信息交流，这在一定程度上限制了其自身的发展②。

信息在社会结构中非均衡地分布，导致少数民族在信息传播过程中面临诸多障碍，其中最为重要的因素包括语言交流、认知

---

① E. Leslie, *Public Library Services for the Poor Areas: Doing All We Can*, Chicago: American Library Association, 2010, pp. 16 – 31.

② 朱明：《国外少数族裔信息贫困成因及对策研究述评》，《图书馆学研究》2017 年第 10 期，第 11 页。

能力以及族群特征等①，信息传播的效率和效应很大程度上决定了信息传播过程中部分地域群体会面临信息供给匮乏和缺失等问题②，信息资源配置的利益关系跟社会经济发展、信息技术扩散、社会分层、社会排斥等存在紧密联系③。生活在极度闭塞环境中的边缘社群在遭受政治、经济、社会、文化等排斥的情况下，其成员会抵触外界信息④，从而导致该人群中的个体缺乏对外部成员传递信息的意愿⑤。从目前来看，技术革新、地域文化、机构服务、个体能力等引起的信息传播来源较少、渠道单一、环境封闭等都会影响少数民族地区的信息传播，其中跨语言和跨文化障碍所引发的信息传播难题较为突出⑥。

在此基础上，国家能够通过有效的政策来干预信息在少数民族地区的传播，公共信息服务机构则通过提供免费专业的延伸服务来有效扩大信息在少数民族地区的传播范围⑦。少数民族群体内部的关系通常由该群体中个体的社会交往和认同意识所决定，同时族群内部的结构性特征在很大程度上决定了不同少数民族群体间的紧密程度。

① G. Burnett, *Information Worlds: Social Context, Technology, and Information Behavior in Age of Internet*, New York: Routledge, 2010, pp. 192 – 217.

② H. I. Schiller, *Information Inequality: The Deepening Social Crisis in America*, New York: Routledge, 1996, pp. 233 – 241.

③ K. Jager, "Information Literacy in Practice: Engaging Public Library Workers in Rural South Africa", *Journal of IFLA Journal* 33 (2007): 313 – 322.

④ M. C. Kim, "Digital Divide: Conceptual Discussions and Prospect", *Journal of Human Society and the Internet* 21 (2001): 78 – 91.

⑤ E. A. Chatman, "The Impoverished Life World of Outsiders", *Journal of the American Society for Information Science* 47 (1996): 193 – 206.

⑥ Eliana La Ferrara, "Self-help Groups and Income Generation in the Informal Settlements of Nairobi", *Journal of African Economics* 11 (2002): 61 – 89.

⑦ S. F. Tanackovic, "Public Libraries and Linguistic Diversity: A Small Scale Study on the Slovak Ethnic Minority in Eastern Croati", *Journal of Libri* 62 (2012): 47 – 55.

二 数据获取及分析

笔者将在已有研究基础上，深入考察云南人口较少民族个体层面的信息传播过程，基于样本特征的代表性，此次调研将龙元村作为调研地点，受访对象为该村的独龙族村民和部分其他民族的村民。通过此次调研，笔者旨在回答的问题是：信息是如何在人口较少民族村落中传播的？村民在传播信息时会受到哪些因素的影响？其传播过程是否存在特定的传播模式？因此，笔者将人口较少民族村落中信息传播的焦点放在个体层面，通过实验观察及深度访谈来收集数据，在此基础上分别对所收集的数据进行分析；与此同时，为减少语言沟通对调研的障碍，笔者拟根据过去在人口较少民族地区调研所积累的经验和资源并寻找懂普通话的村民作为联络人来展开研究。

在以人际传播为主、信息需求和信息源相对固化的信息传播情境中，为了深入考察信息如何在人口较少民族村落中传播，笔者在龙元村中随机选择了 5 户家庭并向其释放相同的信息："3 日后会在龙元村举办一场活动，出席者将获赠一支牙膏（牙膏提供总数为 150 支），并鼓励他们将这一信息告诉他人。"笔者通过收集村民传播信息的数据来构建社会网络图。

为了系统还原人口较少民族在个体层面信息传播过程中的内部积聚和外部分化情形，笔者回访了龙元村的 49 位村民，并就传播"获赠牙膏"这一信息的过程以及日常信息传播过程对其展开深度访谈。首先，为了确保访谈提纲的信效度，笔者直接借鉴弱势群体和人口较少民族信息传播等已有研究的理论解释和数据收集方式来设计访谈提纲，同时根据访谈进展和深入程度实时调整访谈提纲。根据研究目的和已有的理论解释，深度访谈的具体问题包括：请告诉我你把"获赠牙膏"这则消息告诉了哪些人？请详细描述一下你选择告诉他（她）这则消息的原因？在日常生活中你是否会遇到困难？你通常是如何解决这些困难的？你认为有哪些原因会促使你分享信息？一般情况下，你不会跟其他人分享哪些信息？导致你不分享这些信息的原因是什么？你认为你跟同族群的人交流更频繁还是跟使用不同语言的人交流更频繁？为什么？

在将访谈录音誊写完后，笔者将访谈数据中完整表达同一个意思的语句作为一个标签，共得到410个标签（见附录D）。在标签标注的基础上将本质上相同或相似的标签归纳为概念，共得到93个概念（见附录E）。得到概念之后，将具有同质性或相似性的概念聚拢在一起后提炼出10个范畴，分别是：导向情感、频繁互动、强度信任、互惠交换、行为价值、群体成分、派系角色、障碍阻断、同质性积聚、异质性分化。提炼和归纳深度访谈中受访者所描述的信息传播内容及过程，在此基础上逐一验证和归纳龙元村村民信息传播过程中构成范畴的关联性和解释性，并在访谈记录中寻求解释构成范畴的证据（见附录F）。

第二节 族群认同下的信息传播网络

总体来看，龙元村村民在文化水平、社会发育程度、受教育程度以及信息素养等方面的差距不大。在人口组成上，龙元村由独龙族和其他少数民族共同构成。从受访村民的职业构成来看，务农人员和个体经营占多数，其对务农技术和生产经营的信息需求占主导地位，其他受访村民的信息需求主要集中在与生活相关的信息上。与此同时，受城镇化推进、农村医疗改革、社会化媒体普及、国家扶植政策实施等方面的影响，受访者对外出务工、医疗保健、政策法规、社交娱乐、教育培训等信息也存在相关需求。

一 传播网络

为了有效识别其信息传播过程,笔者对龙元村村民的职业、信息需求和信息获取进行调查和回访后发现其与外界的物质、信息、人员的交互程度均不高,其中个体层面的信息传播主要以人际传播为主,信息源包括亲戚、朋友及村主任等,同时涉及日常的信息来源,包括广播、电视、公告及合作社等。总体来看,其信息传播更多地依赖个人渠道。首先,龙元村村民与外部社会及村落中不同民族间存在一定程度的语言交流障碍,他们对外界信息源的不完全理解构成信息在其中传播的主要障碍,特别是语言差异较大导致沟通不畅时,这种因素的影响更为显著。其次,龙元村村民信息需求和信息来源相对固化和单一,因此会形成高度依赖地缘和血缘关系的信息结构。再次,由于受到民族成分和地域分布的影响,龙元村村民的信息需求以及信息源的利用等会存在一定程度的差异。最后,龙元村多数村民对于国家扶植政策存在"等、靠、要"等思想,这使其对自身发展存在一定程度的惰性。

在以人际传播为主、信息需求和信息源相对固化的信息传播情境中,为了深入考察信息如何在人口较少民族村落中传播,笔者在龙元村随机选择了 5 户家庭并向它们释放了相同的信息:"3日后会在龙元村举办一场活动,出席者将获赠一支牙膏(牙膏提供总数为 150 支),并鼓励他们将这一信息告诉他人。"结果发现共有 134 人出席了 3 天后的会场活动,其中 108 人为独龙族人,其余 26 人属其他民族。在该信息的传播过程中,有 84 位独龙族村民通过人际交往传播该信息,其余 50 人则通过电话和手机等通信设备传播该信息。

与此同时，为了有效识别龙元村的信息传递过程，笔者还请村民说明他们与村落中哪些人最常讨论时事新闻和分享日常生活信息等，并按照其信息传递的对象进行标注（如 A 传递信息给 B、B 传递信息给 C，则将 A 和 B、B 和 C 作为关联对象），在此基础上按照每个村民与其他村民实际发生关系的关联性标注构建信息传递的社会网络并绘制节点之间的联系（见图 3）。

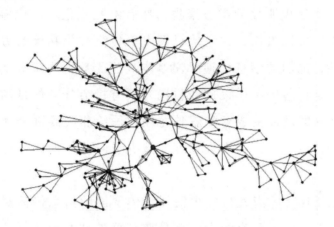

图 3 龙元村村民信息传递的社会网络

资料来源：根据笔者采集的关系标注数据绘制。

二 传播关系

从龙元村村民与其他村民实际发生关系的关联性标注数目来看，村民间的信息传递呈现出较为明显的群落分化，关系密集区域的交互程度和传播意愿明显高于关系分散区域。从信息传播的结果来看，云南人口较少民族的信息交换基本上是在族群内部完成的，这一结论也是对第五章内容的进一步验证和说明。在独龙族村落有固定规模和联系的群体中，成员间联系较为紧密，因为大多数人聚集的场所相对固定，大家沟通的方式相对一致，彼此间的信任程度也相对较高，这些都使信息在独龙族族群内部能够较为快速地传播开来。在社会网络中，个体在决定是否将某一信息传递给他人时具有不同的意愿程度，尤其是面对来自同一固定关系群体内部的个体时，个体之间高度信任，其信息传播意愿较高，而在面对群体外部的个体时，由于缺乏信任和规避风险，其信息传播意愿则相对较低。因此，信息传递意愿的集中和分化程度在不同民族、血缘及地缘的村民间尤为显著，可以看出信息传递扩散模式呈现明显的中心聚集，然后由此分化。从传播对象的标注数据中可以看出，独龙族村民由于传统文化和生活方式的高度一致性，他们的信息传递意愿基本产生于族群内部。例如，我们可以假定村落中不同民族的村民每天有机会分享信息的次数相同，龙元村的民族构成意味着独龙族村民给非同族群个体传递信息的可能性更小，这在很大程度上减少了向群体外部传递信息的机会。

综上所述，云南人口较少民族个体层面的信息传播对象基本集中在族群内部，只有极少一部分向族群外部扩散传播信息，同时呈现出较为明显的中心积聚传播模式，使信息传播主要集中在社会网络中的关键节点上，同时关键节点的信息扩散基本局限在族群内部。结合第五章的分析结果来看，云南人口较少民族不仅缺乏主动向外部搜寻信息的动力，也缺乏向族群外部分享信息的意愿。

第三节　族群认同下的信息传播模式

一　传播模式

通过前文的分析，我们可以将人口较少民族村落中个体层面的信息传播模式（见图4）归结为：在云南人口较少民族村落中，信息传递通常有同质性积聚和异质性分化两种不同的信息传播过程，其中同质性积聚传播过程中的闭合网络，通过导向情感、频繁互动、强度信任和互惠交换等作用机制能够有效固化信息传播主体与信息接收方的位置与关系，强化和提升信息传播的意愿、速率和效率；异质性分化传播过程中，族群内部与外部集群通过行为价值、群体成分、派系角色和障碍阻断等作用机制可能会增加族群内部与外部群体信息传递方式和内容的不确定性，从而降低族群内部向外部群体传播信息的意愿、速率和效率。信息在云南人口较少民族村落中传播时通常由于语言文化、关系亲疏、血缘地缘联系等因素的影响而呈现出同质性积聚和异质性分化两种不同的传播过程，其中族群认同使云南人口较少民族形成两种截然不同的信息传播模式，即面对族群内部成员高强度社会网络关

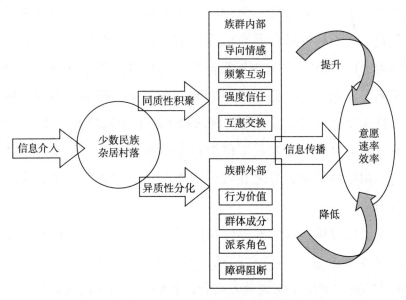

图4　人口较少民族村落中个体层面的信息传播模式

系下的同质性积聚模式和面对族群外部成员低强度社会网络关系下的异质性分化模式。

二　过程分析

在同质性积聚模式中，族群认同使同质性较高群体中的个体在进行信息传播时会因为个体的社会往来相对频繁、交流充分以及强烈的认同感，而使该群体在信息传播过程中迅速形成规制性文化和互惠行为，例如受访者 P019 说道："我们经常聚在一起说自己的事情，有时候这种情况可能会慢慢变好，毕竟这样是有些不太礼貌的，但时间长了还是会有很多顾虑，不过绝大多数情况下，我们族的人在一起的情况还是很普遍的，包括我们的小孩也很少跟外族的孩子一起玩。"

同时使族群内部成员在信息传播过程中相互信任并达成角色期望、义务认同以及隐私保护，在此基础上有效维系群体成员间的紧密联系，从而降低其在信息传播过程中面临的不确定性。如受访者 P047 说道："前些年我们家因为要到乡里跑农运，就借钱买了辆小面包车，只要是我们族的人有需要，基本上很多时候我都无偿地帮助他们。后来我们村的村干部有一次急着去乡里开会，当时村委会没车，他来我家借面包车的时候我什么都没想，就直接把车钥匙给了他，总之在我们这里，只要你需要帮助，大家都会主动帮忙。"

在信息传播环境中发挥较强的积聚作用，并迅速形成能够有效增强族群内部个体信息传播意愿的闭合网络。例如，受访者 P041 说道："其实从家族关系来看，我们这个村子的人都是一大家子，大家的祖辈都有亲缘关系，所以很多时候我们都觉得没有什么事情是信不过的。因此在我们这里，即便是很多在外人看来不应该拿出来说的事情，我们也会经常在一起讨论，可能外面的人会觉得我们不太正常，但在我们这里却很平常，当然也有一些极其特别的情况，除非是一些见不得人的事情，不然大家都会把这些事情拿出来说的，毕竟我们觉得很多事情说开了也就没事了，如果一直积累着，时间长了就会出问题，而且一旦这些问题集聚在一起就会出大问题。"

在族群内部高强度社会关系网络中的个体根据自身对信息的价值评价和对传播对象的信任关系，基于广泛的社会交往范围构建起较为成功的信息传递链条，因此在面对族群内部成员时，多数个体通常都认为自己拥有更多的社会关系与合作行为，因而具有较强的信息传播意愿，信息在该群体中也具有较高的传播效率。例如，受访者 P049 说道："我感觉族里的人在一起聊天喝茶的时候会很放松，时间长了，你会越来越享受这个过程，会觉得非常有意思，然后总想参与进来在大伙讨论的时候说些什么。绝大多数情况下，我们在聊天的时候会知道哪家有什么困难，需要什么帮助，这个时候族长或年长的族人就汇集整个村子的力量帮那家人解决困难，例如四哥家的儿子当年上大学没钱，族长当时还是非常开明的，他把村里修缮祠堂的钱借给四哥，后来他儿子毕业了没有往外跑，不但把钱还给了族里，还回来帮助大家一起发展养殖业。"

在异质性分化模式中，云南人口较少民族在面对族群外部成员传播信息时会因为族群认同作用，与族群外部不同类型的群体存在不同程度的文化交流和社会关系差异，因此会出现族群内部的信息传播与族群外部其他群体信息传播并存的情况，从而在信息传播过程中形成一个相对分化的异质性较高的集群。在众多集群中，云南人口较少民族的地缘和文化使他们相较于其他族群的外部群体保持着相对独立性。在面对族群外部成员传播信息时，他们在信息传递过程中扮演的角色也不尽相同，这使他们很难像面对族群内部成员那样有足够的信任感从而产生更多的信息分享行为。例如，受访者 P006 说道："我也不知道为什么，总觉得跟不是本族的人沟通时要特别小心，总觉得会出什么问题，因为在我们村就发生过一些不太好的例子，导致我们对外面的人和事都十分小心，尤其是一些我们自己都不确定的事情会更加注意，总之就是觉得很难，而且这种情况就像隔着一层东西一样，很难在短时间之内搞清楚。"

虽然信息在云南人口较少民族中的传递通常具有较高的自由度，但他们与族群外部成员的关系相对疏远并缺乏有效的沟通和协作，因为云南人口较少民族在族群认同的作用下，会对族群外部成员的价值观和行为偏好产生一定的疏离感，这使他们对于族群外部成员在信息传递过程中的地位、偏好和意愿等存在不同程度的偏见。例如，受访者 P031 说道："我们会对外族人有一些想法，而且很多时候会对外族人和本族人进行区分，这不仅仅是因为我们发现他们在很多时候会对我们认同的东西产生误解，还因为我们对自己认同的东西有着十分深厚的情感，所以有时候这种划分能让我们给一些事情或一些人贴上某些不太合适的标签，尽管这不是一种主观偏见，但是很多时候我们会觉得无法避免这样的事情发生。"

在族群认同作用下，云南人口较少民族在面对族群外部成员的信息传播时甚至会通过阻断信息传播或扭曲信息内容的方式来影响族群内部信息在族群外部的传播，尤其是涉及风险选择和利益价值关联的信息时，他们会因为缺乏足够的关系信任和价值认同而产生更多的不确定性，进而阻碍其对族群外部成员的信息传播，如受访者 PO48 说道："虽然现在也有很多不是我们族的人来到这里，但我们的很多传统活动是不允许外人参与的，这就使他们有很多事情不能跟我们一起做，所以你会看到一些非常明显的不合群的现象。他们（外族人）也有自己的交际圈，所以不会跟我们说到一块去，我们也不会过问他们的事情，即便他们（外族人）遇到了很紧急的事情也很少找我们帮忙，其实也不是说不信任，而是很多时候没有关联，他们觉得他们的事情是他们的事，我们的事情是我们的事，尤其是在我们这里，这些东西都是分得很清楚的。"

因此，在面对族群外部成员传播信息时，云南人口较少民族通常都认为自己与族群外部群体缺乏一般性的社会互动与互惠行为，因而对外部群体成员具有较低的信息传播意愿。信息从族群内部向外部传播的过程中，传播速率和效率都相对较低。例如，受访者 PO34 说道："我们对本族的定位其实很简单，就是把一些属于我们自己的东西延续下去，但现在这一点不容易做到，不过我们一直在坚持，因为外面在变化，我们不得不去适应这些变化，所以现在看来我们跟他们（外族人）之间的相互理解可能还是很欠缺，但有时候看起来也不是什么坏事情，因为我们要保留属于自己的东西，如果他们不能理解的话，我们还是会坚持的。"

三　小结

总体来看，人际交流是云南人口较少民族信息传播的主要方式，其信息传播在很大程度上受到导向情感、频繁互动、强度信任、互惠交换、行为价值、群体成分、派系角色、障碍阻断等作用机制的影响，导致信息传播主要集中在社会背景同质性更高的群体和较为初级的社会关系网络中，以减小成员在获取信息时所面临的不确定性；同时双向交流和有效反馈的形式能够为族群内部的信息传播减少障碍，提高信息在族群内部传播的效率和速率。但当族群内部向外部群体传播信息时，云南人口较少民族会因为自身的文化传统和生活习惯，同族群外部不同类型的其他群体存在不同程度的文化交流，会形成一个相对分化且异质性较高的集群。集群中云南人口较少民族的地缘和文化保持着相对独立性，与族群外部成员的关系相对疏远并缺乏有效的沟通和协作，这使族群内部对于族群外部的信息传递存在不同程度的分化和差异，同时族群内部的多数个体通常都认为自己与外部群体缺乏一般性的社会互动与互惠行为，因而对于外部群体成员具有较弱的信息传播意愿，信息从族群内部向外部群体传播的过程中，传播速率和效率都相对较低。

这种高度依赖族群内部血缘亲缘关系的信息传播模式，使云南人口较少民族的信息传播集中发生在族群内部，并且会进一步减少本民族同族群外部交换信息的意愿和机会，使其同外部社会群体的信息传播进行比较时，呈现明显的独立性和差异性，进而使其信息传播长期处于相对封闭的信息交换环境中，如此不仅难以接触外部信息，还难以获得外部社会的关注与理解，从而进一步加剧圆周生活下信息搜寻所导致的信息贫困。

云南人口较少民族无法摆脱族群认同对其信息传播的影响，因此他们难以通过与外部群体交换信息来扩大信息实践的边界范围，从中汲取融入外部信息社会、强化自我信息实践的动力，因此仅从信息传播模式来看，这已经在很大程度上决定了他们当前所面临的信息贫困处境。

| 第七章 |

云南人口较少民族跨文化背景下的信息适应

第一节 信息适应

一 少数民族的信息适应

有效的信息搜寻、传播和利用能够推动边缘社群的社会融合，这个问题已成为多学科研究的焦点[①]。越来越多的研究发现，一些社会经济文化处于弱势地位和边缘区域的群体在融入信息社会的过程中会面临较大的困境[②]。云南人口较少民族进入新环境后不仅面临语言和文化上的障碍，其信息实践还面临暂时性中断的风险，最终使他们向外界环境获取、利用和分享信息时面临诸多困难。

基于云南人口较少民族在语言、文化、族群上的特殊性，已有研究在理解和认识他们如何能够更好地适应新信息环境时，可能还缺乏足够多的证据。此外，随着社会信息化的推进，通过融

---

① P. Angela, "Information Seeking and Use in the Context of Minimalist Lifestyles", *Journal of Documentation* 72（2016）：1228 – 1250.

② Y. Liangzhi, "How Poor Informationally are the Information Poor", *Journal of Documentation* 66（2010）：906 – 933.

入信息社会来促进自身发展，会在很大程度上影响全球多民族国家的社会稳定和边境安全。从目前来看，已有研究主要关注信息技术及媒介对于少数民族群体融入信息社会的影响及作用，即更多地关注少数民族群体需要什么样的信息和信息服务，但对于少数民族的信息实践从遭遇暂时性中断到恢复适应的过程缺少关注，并缺少对早期信息实践的主体因素和具体情境的考察。对这一重要环节的忽视可能导致云南人口较少民族信息实践的相关研究缺少完整性，同时也难以将其信息实践纳入整体性分析框架来进行阐释。因此，本书通过深入调查云南人口较少民族进入新信息环境后的日常信息实践，有效还原其在日常信息实践中如何从暂时性中断过渡到适应性恢复的过程，并构建过程模型，在此基础上识别其阶段特征和演进趋势，进而探讨如何更好地使其融入新信息环境。

适应是在遭受压力时能够恢复的能力和过程，而遭受重大挫折的群体一直是心理学、社会学和管理学的研究重点，他们的共同点是将适应视作一种逆境反弹能力。从逆境负面影响和个体对不利环境的反应心理来看，人们对适应的定义似乎也未达成共识，这主要是因为适应既是一个过程，也是一种个人品质，因而适应的范围可以拓展到社会适应、心理适应以及文化适应等层面，但无论是哪种适应，恢复适应的首要条件都会涉及与外界信息的交换①。当适应被视为个人品质时，主要强调个人性格和情感方面的因素，包括乐观、力量、毅力等，而当适应作为一个过程时，应该被定义为包括个体和情境的相互作用，这也是本书采用的视角。当我们

---

① J. Cacioppo, "Social Resilience: The Value of Social Fitness with an Application to the Military", *Journal of American Psychologist* 66 (2011): 43 – 51.

将适应放置到图书情报学的语境中，会发现个体的信息适应被赋予了新的分析视角，尽管我们知道恢复适应的关键是信息交换，但对于适应过程中个体是如何与外界进行信息交换而恢复适应的，却了解甚少。在此意义上，个体信息实践的适应研究可以纳入我们的研究视野。

在图书情报学研究中，很少有研究专门论述信息适应这个概念。有研究把该概念引入公共图书馆服务中来；有研究强调面临困境和压力的用户，可利用图书馆所创造的实体和虚拟服务来培养一种适应感[1]；也有研究探讨了社区适应性的概念和公共图书馆的作用，试图了解公共图书馆如何提升社区的适应能力，并认为其由各种相互关联的适应能力组成[2]。还有一些研究将这个概念与相应的信息行为和信息素养结合起来进行考察。其中有研究调查了难民搜寻健康信息的适应过程，通过经验数据来解释难民如何理解和感知健康信息资源和信息环境，描述个体信息搜寻行为的调整和适应过程[3]。也有研究提出信息素养在跨文化背景下的个体适应过程中起着关键作用，其适应过程总体上可以被归结为从行为适应到文化适应，同时对适应过程中信息素养的评价标准进行探索[4]。

信息适应是人们在进入新信息环境时主动调整信息实践的内

---

[1] T. J. Bingham, "Building Resilience and Resourcefulness the Evolution of an Academic and Information Literacy Strategy for First Year Social Work Students", *Journal of Information and Learning Science* 118 (2017): 433–446.

[2] D. Grace, "Community Resilience and the Role of the Public Library", *Journal of Library Ttrends* 61 (2013): 513–541.

[3] A. Lloyd, "Building Information Resilience: How do Resettling Refugees Connect with Health Information in Regional Landscapes", *Journal of Australian Academic and Research Libraries* 45 (2014): 48–66.

[4] H. Alison, "It Takes a Community to Build a Framework: Information Literacy within Intercultural Settings", *Journal of Information Science* 42 (2016): 334–343.

容和方式，以获取和使用信息并满足日常信息需求的活动。少数民族因为改善生活而选择进入自己不熟悉的信息环境，会导致其信息需求存在局限性，特别是原先的生活习惯、传统和偏见，会显著地影响他们的信息需求；同时由于存在语言和文化上的障碍，新信息环境所提供的信息资源和信息服务通常难以满足他们的需求。尽管外部信息能够影响少数民族的信息传递，但因为大多数外部信息和信息服务都采用主流的官方语种，并且缺乏文化适应方面的导向，这些障碍增加了少数民族使用外部信息和服务以及适应新信息环境的难度。少数民族进入新环境后的信息实践范围相对固定，他们更趋向于获得传统和简易的信息以及信息服务。在此之前，以人际关系为主的面对面交流是他们日常信息交流的主要方式，出于对外部环境的畏惧和不信任，他们可能对外部社会不同文化之间的信息交流和沟通存在理解上的偏差，从而对新信息环境中已有的信息资源和社会关系进行选择和过滤，尤其是对少数民族的内部群体价值、规范和准则存在冲击和破坏的信息资源及服务。

在现有研究基础上，本书将进一步考察跨文化背景下云南人口较少民族信息适应的演进过程及特征。

二 数据获取及分析步骤

此次调研地点为西双版纳傣族自治州的州府景洪市，从当地随机选取 42 位基诺族人作为深度访谈的对象。数据主要通过深度访谈以及观察日志的方式收集，其中深度访谈的问题包括：（1）能否描述下你在这里（景洪市）的生活？你对目前的生活状况满意吗？（2）你在这里（景洪市）的日常生活中需要哪些信息？你是如何获取的？（3）到这里（景洪市）后你遇到了什么困难？

如何解决这些困难？（4）在这里（景洪市）你跟外界联系多吗？你平时会跟谁分享信息？深度访谈的数据在征得受访者同意的情况下，通过与受访者谈话时的录音获取。一些受访者由于不愿意录音，在征得其同意后则由研究者及其团队进行手工记录，所有访谈数据都采用开放式编码进行誊写和转录。

质性研究是从特殊情境中归纳出一般结论的描述性研究，侧重于对事物的含义和特征的理解①。对于本土化理论的构建，扎根理论方法能够深入理论背后的具体情境，有助于研究者构建更契合本土情境的理论②。本书采用扎根理论研究方法的编码程序，其分析过程由开放性译码、主轴译码、选择性译码组成③。首先对云南人口较少民族入境后的信息实践展开研究并收集数据；其次通过开放式编码、主轴编码和选择性编码对资料进行分析，确保理论饱和；最后在数据分析过程中还原其信息实践面临暂时性中断时如何逐渐过渡到适应性恢复的过程，并构建过程模型。

第二节　扎根理论分析

将资料清单中的数据进行文本处理后，根据扎根理论方法进行开放性译码。开放性译码是扎根理论研究方法的基础性译码程序，是将研究资料逐层概念化和范畴化的过程④。根据上述程序，

---

① 大卫·希尔弗曼：《如何做质性研究》，李雪、张劼颖译，重庆大学出版社，2009，第135页。

② J. W. Creswell, *Research Design: Qualitative, Quantitive and Mixed Methods Approaches*, London: Sage, 2014, p. 4.

③ S. Anselm, *Basics of Qualitative Research: Techniques and Procedures for Developing Grounded Theory*, California: Sage Publications, 1998, pp. 55 – 57.

④ A. L. Strauss, *Qualitative Analysis for Social Scientists*, Cambridge: Cambridge University Press, 1987, pp. 5 – 7.

对收集到的资料进行语料分解和理论比较后得到 635 条标注（见
附录 G）及 132 个初始概念（见附录 H），在此基础上剔除重复频
次低于 2 次和内容表述不一致的初始概念后，得出 30 个范畴并在
访谈记录中寻求解释构成范畴的证据（见附录 I）。

一 主轴编码

主轴编码以开放性编码得到的范畴为基础，通过聚类分析识
别各范畴之间的逻辑关系并梳理脉络。本文对开放式编码阶段所
获得的 30 个范畴进行归纳聚类，将相似的范畴进行情境联结、类
型归纳和策略整合，最终形成 15 个主范畴、5 个维度，各维度、
主范畴、范畴及范畴内涵如表 7 所示。

表 7 主轴编码形成的主范畴结果

维度	主范畴	范畴	范畴内涵
中断	AA1 逆境呈现	A1 被动进入	被动地进入自己不熟悉的信息环境
		A2 遭遇困境	诸多障碍使逆境感知逐渐放大
	AA2 消极回避	A3 表达悲观	信息实践的情感表达显现出间歇性的消极
		A4 封闭限制	尽可能少地与外界进行信息交换
	AA3 障碍阻隔	A5 行动受阻	信息实践面临巨大的障碍
		A6 不确定性	信息实践暂时停滞导致不确定性增加
定位	AA4 胁迫感知	A7 无序失控	未知事物的突增使生活变得无序和失控
		A8 压力威胁	日常生活压力所致的焦虑感增加
	AA5 尝试介入	A9 寻求突破	尝试突破现有的资源集合和社群关系
		A10 环境识别	重新审视及考察信息环境中的资源条件
	AA6 组建策略	A11 选择困惑	对当前狭小的信息实践范围充满困惑
		A12 方案评价	从行动策略中挑选出可行的信息实践方案
转换	AA7 执行应对	A13 转化执行	将信息实践方案转化为具体的信息实践
		A14 积极应对	积极主动地应对执行过程中出现的问题

续表

维度	主范畴	范畴	范畴内涵
转换	AA8 持续反馈	A15 策略演练	在信息实践中反复尝试不同策略
		A16 强化反馈	对各类信息实践的结果寻求解释
	AA9 比较控制	A17 经验调节	在反馈效应下主动调节执行策略
		A18 进程调整	在反复调控策略中优化应对措施
重构	AA10 模式匹配	A19 强化累积	信息实践的效率和效应同步提升
		A20 模式整合	信息实践的行动输出模式系统稳定
	AA11 观念契合	A21 习惯改变	通过持续优化和调控改变固有的习惯
		A22 理念契合	根据遇到的问题不断吸纳新的想法
	AA12 认知操作	A23 关系拟合	在认知结构中重新拟合与信息实践的关系
		A24 要素衔接	尝试展开迎合认知模式要求的信息实践
适应	AA13 效能稳定	A25 行为顺应	培养或获得相对熟练的信息行为习惯和技能
		A26 认知同化	形成相对稳定的信息认知策略和经验
	AA14 跨越边界	A27 动力汲取	在信息实践中汲取动力
		A28 主动跨越	持续跨越信息世界的边界
	AA15 融合创新	A29 动态平衡	解决信息实践与信息环境的极端失衡问题
		A30 迭代更新	进一步寻求信息实践的突破和创新

二 选择性编码

选择性编码是梳理主范畴关系、提炼核心范畴和描述现象的"故事线"的重要阶段。通过对既有研究结论的验证和对其信息实践在适应性恢复过程中构成范畴之间关系的梳理,本书运用扎根理论方法中十分重要的分析工具——典范模型来梳理构成范畴间的关系,从而建立起各范畴间的逻辑联系(见表8)。

通过进一步梳理典范模型之间的关系,描述现象的"故事线",把核心范畴与其他范畴予以系统性联结,从而展示云南人口较少民族从信息实践的暂时性中断到适应性恢复的整个过程,与

表 8　构成范畴的典范模型

因果条件	消极回避、障碍阻隔	现象	逆境呈现
行动策略	尝试介入、组建策略 持续反馈、比较控制	中介条件	胁迫感知、执行应对 模式匹配、效能稳定
脉络	观念契合、认知操作	结果	融合创新、跨越边界

此同时利用预留的 1/3 份资料进行理论饱和度检验，没有发现新的重要概念、范畴与典型关系，由此得出结论：本次扎根研究的理论模型达到饱和①。在对上述 5 个维度中的 15 个主范畴进行关联分析的基础上，梳理"故事线"可得出以下几点。首先，在被动地进入自己不熟悉的信息环境后，云南人口较少民族的逆境感知逐渐放大，信息实践的情感表达显现出间歇性的消极悲观并避免与外界进行信息交换，此时云南人口较少民族的信息实践暂时停滞，并增加了日常生活的不确定性。其次，未知事物的突增使云南人口较少民族的日常生活变得失控，日常生活压力也让他们感到焦虑，因此他们试着重新审视及考察信息环境中的资源条件。尽管对当前狭小的信息实践范围充满困惑，但必须从行动策略中挑选出可行方案，转化为具体的信息实践去应对信息环境的变化。通过反复尝试不同策略，他们对各类信息实践的结果寻求解释，在反复调控中对信息实践进行优化。此时，他们会根据遇到的问题不断吸收新的想法，在认知结构中重新拟合信息实践与环境的关系，并建构符合信息实践要求的认知模式。相比之前，其信息实践的效率得到提升，模式变得更加稳定。最后，云南人口较少民族最终形成了相对稳定的信息行为习惯和信息认知策略，同时能够在当前丰富的信息实践中主动汲取动力，持续跨越当前信息世

---

① 胡幼慧主编《质性研究：理论、方法及本土女性研究实例》，台北巨流图书有限公司，1994，第 93 页。

界的边界和障碍，以改变信息实践与信息环境的极端失衡状态，并进一步寻求信息实践的突破和创新。

第三节　跨文化背景下的信息适应过程

一　过程构建

根据核心范畴间的逻辑关联和演化进程，本节将云南人口较少民族日常信息实践中断后的适应过程归结为 5 个维度（中断、定位、转换、重构、适应）及 3 个阶段（初期、中期、后期）。

如图 5 所示，其中实线部分是云南人口较少民族信息适应的演进过程及中介条件的呈现，表明其信息适应的演进是从中断开始的，经历了定位、转换、重构，最终达到适应，其间穿插着胁迫感知、执行应对、模式匹配、效能稳定 4 个中介条件。虚线代表了其他核心范畴与演进过程的关联，表明其他因果条件、行动策略、脉络、现象及结果在信息适应过程中的连接作用，其中不同图示表示不同的范畴类型；外围部分是演进过程的特征及趋势，表明从被动、转变到主动是适应过程从初期到中期再到后期的阶段特征，从失衡、调节到平衡是适应过程从感知到行动再到认知的演进趋势。

中断维度包含逆境呈现、消极回避和障碍阻隔 3 个主范畴，是初期阶段的开始，信息实践的适应以感知为主，是指云南人口较少民族在被动或不受控的情况下，进入陌生信息环境后逆境感知逐渐放大，使其信息实践难以正常开展，处于暂时受阻或停滞的状态。例如，受访者 P036 说道："虽然刚到这边时我们都觉得很兴奋，但毕竟要融入新的环境，这些环境跟我们以前生活的地方

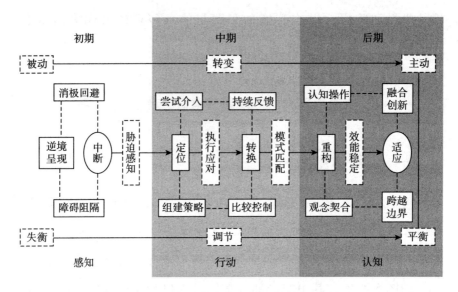

图5 云南人口较少民族的信息适应

都不一样，如我们熟悉的人、事、物在这里是完全不一样的，也没有能够帮助我们理解的东西。"其中，逆境呈现是整个进程的起始现象，是由现象到诱因的初始化因素，是指云南人口较少民族被动进入新信息环境后，面临着和原先信息实践不一样的信息源、获取途径和使用方式，信息实践和新信息环境的脱节，导致信息实践中断，从而造成了感知、识别、利用和分享信息的困难，尤其是当他们的语言受到限制时会更为显著。例如，受访者P012说道："我记得当时我女儿上学就是件很难处理的事情，因为我们刚到这里，再加上我的汉语不是很好，当时为了给女儿办学，跑了很多地方。我女儿之前在村子里基本上不讲普通话，所以在学校的学习和生活都比较麻烦。"

消极回避和障碍阻隔是适应过程中基于逆境呈现的前置因果条件，是逆境呈现后云南人口较少民族信息实践的初始化结果，同时也是关联中介条件胁迫感知的重要因素。其中，消极回避是指云南人口较少民族的信息实践在最开始遭遇逆境时呈现出间歇性的消极悲观情绪，并尽量避免与外界进行信息交换的一种意识取向。例如，受访者 P004 说道："我其实不是太能融入这里的生活，但为了挣钱，我还是决定留下来，因为我不太清楚外面的情况，也不认识什么人，所以很少跟外面的人打交道，基本上就是打工，在家做自己的事情，也没有什么娱乐活动，平时就是看看视频，下班回家后就睡觉了，想起以前在村里的时候，我们还经常在一起吃饭喝茶、唱歌跳舞。"障碍阻隔是指云南人口较少民族在遭遇逆境后，由于当前的新信息环境难以被他们自身所理解和建构，其信息实践与新信息环境缺乏兼容性而面临的窘况。由于此时障碍阻隔难以消除，其信息实践存在较大的不确定性并越来越明显。受访者 P027 说道："我开始变得有点沮丧，因为我觉得这里的生活比我当初预想的要困难，找了好几个工作都没有回应，因为我发现在村里待的时间太长了之后，到外面来感觉跟这个地方的人有太大差距，而且不能很好地融入他们的生活。"

定位维度包含胁迫感知、尝试介入和组建策略 3 个主范畴，是中期阶段的开始部分，信息实践的适应开始由感知转向行动，是指云南人口较少民族在信息实践中断后，为了降低日常生活的不确定性和缓解压力，而重新审视自身信息实践与当前信息环境的连接关系，主动寻找符合其需求并从中选择能够抑制消极影响的信息实践策略和方案。例如，受访者 P081 说道："后来我也试着像我姐姐那样去外面找工作，但是发现我能做的事情不多，而且能够打听到的消息也很少，不过我慢慢发现如果耐心地找的话，找工作的信息其实还是挺多的。"其中，胁迫感知是连接中断维度和定位维度的中介条件，也是云南人口较少民族信息实践由初期感知过渡到中期行动的重要动因，是指经历了信息实践的暂时性中断后，其日常生活会因为心理压力和未知事物的突增而变得无序，并在处理问题时感到失控和焦虑。例如受访者 P015 说道："随着日子一天天过去，我越来越感到焦虑，因为我总觉得生活压力越来越大，毕竟现在要靠我自己来养活一家人，但现在我还是没有固定的工作。"

尝试介入和组建策略是定位维度的行动策略，同时也是胁迫感知下的行动选择，其中尝试介入是指云南人口较少民族在失控感和焦虑感的交替增量下试图突破现有的资源集合与社群关系，重新审视信息实践在新信息环境中的效用。例如，受访者 P018 说道："慢慢地，我发现逃避也不是很有用，其实很多事情还是要自己想办法，即便要知道这些东西也不是很容易，但还是得自己想办法解决，不然事情就一直停在这里。"组建策略是指云南人口较少民族在做出新的尝试时，会因为当前狭小的信息实践范围而对自己的行动选择充满困惑，从而需要通过预设和评价的方式从诸多行动策略中挑选出自己认为可行的信息实践方案。例如，受访者 P010 说道："上周我从一位同乡那打听到消息，但是我现在不知道要不要给我儿子报名，他们说那是个农民工子女比较多的学校，里面环境不是很好，但是学费比较便宜。"

转换维度包含执行应对、持续反馈和比较控制 3 个主范畴，是中期阶段的结束部分。信息实践的适应以行动为主，是指云南人口较少民族在提出信息实践的方案后主动改变自身信息实践的内容和方式，通过反复持续的判断和比较控制来调整尝试方案的有效性，从而对行动方案进行修正和对应对措施进行优化。例如，受访者 P032 说道："在来之前我其实也想过这件事情要怎么做，但是到了这里之后我才发现实际情况要复杂很多，所以很多事情也不能只是去想，还是得边做边总结，有时候知道太多了反而不是什么好事情，如果能集中做好几件事情，其实就能够获得很多的信息，而且现在看来，信息太多了也不是什么好事情。"其中，执行应对是连接定位和转换的中介条件，是云南人口较少民族信息实践由被动转向主动和行动最大化的关键节点，是指他们将方案落实为具体的行动，并积极主动地解决执行过程中出现的问题。例如，受访者 P038 说道："之前考虑得太多，我觉得就先干着，总会有事情可以做，不然耽误的时间越长，吃亏就越多，就像我之前打算考驾照，怕花钱，又怕考不过，结果拖到现在也没做成，当时其实有时间，咬咬牙也就过来了，现在没时间了，想考都来不及了。所以我这次没想过要自己找这方面的信息，而是直接参加考试，因为很多已经考过的人告诉我肯定没问题的。"

持续反馈和比较控制是转换维度的行动策略和执行应对的必然选择，同时也是定位维度中行动策略的延续和拓展，其中持续反馈是指云南人口较少民族执行方案过程中尝试实施不同的行动策略，并在对执行结果进行解释和归因的过程中获得相应的反馈。例如，受访者 P005 说道："我现在看电视时也会刻意地关注一些能学到东西的节目，然后再把这些东西运用到生活中，虽然我发现这些东西不会立刻见效，但是试着做就会发现其实也没有那么难。"比较控制是指云南人口较少民族在应对执行过程中出现问题时，通过反馈效应的调节和实现程度的比较来反复优化信息实践的应对措施。例如，受访者 P011 说道："现在来这边的人开始变多了，不像刚开始的时候只有很少人来，慢慢地我们也变得比之前来的时候更自信了，刚开始时的那些沮丧和焦虑现在慢慢变少了，毕竟不想着回去的话就只能主动解决问题。"

重构维度包含模式匹配、观念契合、认知操作 3 个主范畴，是后期阶段的开始部分。信息实践的适应开始由行动转向认知，具体指云南人口较少民族在调控行动方案和优化应对措施之后，行动模式的整合会使其信息实践与认知结构朝着相对一致的路径发展，并通过认知层面的操作和观念层面的契合来增强其信息实践与认知结构的兼容性和一致性。例如，受访者 P042 说道："我刚去餐馆打工的时候什么都不懂，以致出了一些问题，后来时间长了，我慢慢地根据他们的动作和表情，知道他们大概在说什么，所以不像之前那样什么都不懂了，只要你主动去想，还是会有办法的。"其中，模式匹配是连接转换维度与重构维度的中介条件，也是云南人口较少民族信息实践从中期行动过渡到后期认知的条件，是指信息实践的效率和效应得到提升和强化后，其信息实践的行动输出模式变得稳定，同时延迟周期缩短。例如，受访者 P019 说："后来我换了几份不同的工作，慢慢发现要是能懂一门技术或者有更好的文凭就能找到不错的工作，于是我现在准备报考成教，因为都是晚上去上课，所以我白天的工作也不会耽误。我现在完成作业后除了跟同学沟通，还会去网上找找相关信息，或给老师发消息。"

观念契合与认知操作是重构维度的发展脉络，也是模式匹配后续延伸的路径指向。观念契合是指云南人口较少民族信息实践行动输出模式的稳定性会使其接纳新的理念，并改变原先固有的习惯和观念。例如，受访者 P040 说道："我现在基本上都固定打这个电话问事情，而且有时候会有很多小传单提供信息，虽然上面的信息不一定是真的，但有些信息却很有帮助，例如我上培训班的通知就是通过小传单获得的，原先不知道有些东西是免费的，后来才发现确实有一些东西是免费的。"认知操作是指云南人口较少民族稳定的信息实践有时会主动迎合认知模式的要求，其认知结构会自然回应并主动建构符合其行动模式的操作路径。例如，受访者 P014 说："其实城里的东西跟我们村里的东西还是有一些相似点的，就看你能不能主动地发现它，比如我发现城里人也讲关系，所以只要把关系处理好，就能知道很多之前不知道的事情。"

适应维度包含效能稳定、跨越边界、融合创新 3 个主范畴，是整个进程的结束部分。信息实践的适应以认知为主，是指在云南人口较少民族的认知结构与信息实践保持一致的基础上，其信息实践的效能得到强化，同时会主动跨越当前信息世界的边界，进一步寻求信息实践的融合与创新。受访者 P044 说道："我后来通过他们帮忙要到了教育局办公室的电话，小孩上学的事情我基本上都是打电话找他们，后来他们有一次因为孩子户口的事情联系我，还主动告诉我人社局和派出所的电话和相应的负责人。"其中，效能稳定是连接重构维度和适应维度的中介条件，也是判断云南人口较少民族信息实践恢复适应的重要依据，表明其行为表现和认知判断已经同化为自然选择的一部分。他们在信息实践过程中能够熟练地运用相应的技能和策略，同时已经积累起有效的认知策略经验并内化为良好的信息行为习惯。例如，受访者 P014 说："原先在我们村里，大家都觉得不能让小孩到外面去，怕他们学坏，但是现在看来，这不是绝对的，虽然城里有很多东西会让孩子学坏，但是有些东西是村里提供不了的，从教育孩子的角度来看，我觉得还是要让孩子出来，我打算让我女儿以后去昆明上学，觉得她在那里能够接触的东西更多。"

跨越边界与融合创新是适应过程中基于效能稳定的后置结果，同时也是重构维度中脉络发展的最终指向。跨越边界是指云南人口较少民族能够在后期相对稳定的信息实践中不断汲取动力，并且会比较自信地跨越信息世界的边界和障碍。受访者 P024 说：

"我觉得我不像刚来的时候那样不敢去外面结交朋友了，我现在更自信了，除了我们族的人我也结交了很多外族的朋友，包括汉族、傣族、哈尼族等，觉得大家的差异其实没有想象中的那么大，关键是看你们在一起做什么事情。"融合创新是指云南人口较少民族在信息实践与信息环境的极端失衡关系消除之后，尝试摆脱当前信息实践的能力约束和认知限制，进一步寻求信息实践的协同创新。受访者 P029 说："我现在不会特别担心自己融入不了他们（外族人）的生活了，时间长了以后接触的东西多了，发现其实跟我们族的传统有很多相似的地方，比如他们也相信某些东西，只是跟我们信的东西不一样，而且我现在不太想回原先的村子了，因为我觉得这里还是挺好的。以前我觉得信息越少越好，现在反而觉得外面给我的信息越多越好。"

二　阶段分析

在信息实践暂时中断期间，云南人口较少民族被动地进入事前难以预料的陌生环境，此时他们的信息实践很大程度上受到原有族群特征和生活习惯的影响，这使他们在信息的感知及获取上更多地依赖原先的经验，而必然对新信息环境中信息源和信息需求的判断越发困难，相比之下他们更倾向于运用和吸纳与原先类型相似的信息源，如云南人口较少民族原先的信息获取范围更多地集中在内部群体的血缘和亲缘关系中，很多时候对外部世界的信息获取仅仅局限于他们所熟悉和信赖的生活圈子，这使他们对族群中原有的信息获取方式具有很强的依赖性，并需要花费更多的时间来改变这种情况。云南人口较少民族能够感知和获取的信息源相对有限，并且只信任内部群体中的交换关系，因此他们通常不会越过信任关系从外界获取信息，同时对外部环境中未知事物的畏惧，会进一步放大对新信息环境的逆境感知，使其在这一阶段的信息实践极其被动，甚至很有可能影响后续信息适应过程中的转换模式。与此同时，云南人口较少民族在长期生活中形成并延续下来的行为规范，会因为与新信息环境中的资源条件相冲突，而成为其行为观念上的束缚，这种限制和破坏会进一步阻碍其信息实践，导致对环境理解的沮丧和能力认知的失落。大部分受试者在适应初期会有很长一段时间停留在此，如果没有合适的契机及外界的帮助，他们很难迅速从消极被动转变为主动感知外部信息环境，这也就意味着他们的信息适应不可能在缺乏外界有效支持的情况下独立完成。

云南人口较少民族在信息实践过程中面临的未知变化，使他们对自己日常生活的布局和节奏失去了原有的控制力。当失控达到一定程度时，他们开始变得焦虑却又难以解决相应的问题，此时他们是否转向对外界环境的感知取决于其面临的压力和失控程度是否足以让他们寻求改变，当失控的刺激足以使其介入这种失控局面时，云南人口较少民族会审视新信息环境中的资源条件，如他们会展开信息实践。由于很难像当地居民那样熟练地利用社会上的各类资源和专业服务，他们需要迅速界定与当前维持生计相关的信息，以更好地适应日常生活的变化。云南人口较少民族在原先的生活环境中形成了较为固定的认知模式和价值判断，再加上运用和吸纳信息的能力较弱，这些都使其更愿意运用简单化、实体化的信息。例如，云南人口较少民族不熟悉当前各类信息的使用方式，而仅限于族群内部的交流与沟通，大家平时来往密切，沟通的场所和时间都比较集中，很多困难和问题都能够在内部解决，所以多数人选择在族群内部通过面对面聊天和咨询他人的方式来满足日常信息需求。在这个阶段，云南人口较少民族面对压力和失序时，依然会依赖现有行动路径的选择集合，这让他们在转变信息实践路径的初期感到困惑。如果没有通过持续稳定的利益计算来使自己下定决心，那么他们将持续很长一段时间处在摇摆不定的状态，直到最终通过努力尝试后逐渐摆脱原先认知预设的影响，才有可能主动组建信息实践的策略方案并进入下一个阶段。

在其信息实践路径持续转换期间，云南人口较少民族根据信息实践策略方案设定目标的可及性和可靠性来选择方案，尽管他们先前长期依赖族群中的亲缘关系和血缘关系构建起来的交换网络来减少信息实践的不确定性，但为了确保信息实践策略的有效性，他们也会通过对新信息环境的观察来实施策略方案，适时地应对信息环境的变化，并从中找出既符合环境要求又能实施奏效的行动方案，如用相对客观和稳定的方式来处理内容复杂和利益重大的事情。在这一阶段，尽管云南人口较少民族会根据信息实践和信息环境的契合度来做适当调整，但他们需要在改变信息实践策略和方案的过程中根据自己的判断来调整所处的位置，需要借助信息实践试错环节和有效的纠错行为来采集信息实践转变策略的效应反馈。从受访者的陈述来看，他们在这一阶段初期很难通过操作实施和反馈试错的逐步指引来修正实施路径，而是需要借助外部力量和资源的引导，在功能优化的过程中选择最优的信息实践，最大限度地减轻进入新信息环境的压力。例如，当他们发现通过改变原先的信息实践能够增加获取信息的机会和信心时，他们也会通过相关工具和技能来增强自己利用信息的能力，尝试跨越族群界限与外部社会打交道。

在其信息实践模式重构期间，云南人口较少民族的信息实践经历了一段时间的行动反馈后，逐渐形成了一些自我认同的习惯和观念，开始摆脱先前文化独立性和种族特征对其信息实践的影响，并与外界进行更为广泛的沟通和协作，如随着信息实践范围的扩大，他们开始更多地拓展外部交换关系，交流的对象包括政府工作人员、教师、医生、专家、商人等。尽管他们在这一阶段试图确保自己的机能感知与行动理念相匹配，并尝试在信息实践过程中不断吸收新的理念，但原先通过经验积累和代际传承所构建起来的世界观还是会影响其吸收新的理念。我们在一些受访者的陈述中发现，在这一阶段仍有很大一部分人生病时很少通过新信息环境中的医疗系统来解决问题，而是靠他们所熟知的办法和经验来处理，只有当信息实践的正向效应累积和优化效率提升与其认知结构交互兼容时，他们才会寻求当地的医疗信息。从中可以看出，如果此时云南人口较少民族难以强化自己对于信息实践优化调控的应对措施形成信息实践的稳定输出，那么他们在上一阶段的认知操作将难以在协同一致的指引下做出对信息实践模式的自然反应。但在这一阶段，云南人口较少民族跨文化的信息适应最有可能出现的情形就是当他们的信息实践变得足够稳定时，他们会对外界相关信息充满好奇，并在固定的时间周期内参与当地开展的相关活动。总体来看，只有当云南人口较少民族的信息适应达到这一阶段时，才最有可能从先前的信息实践模式中转移出来。但要在这一过程中得到系统整合与整体强化，其信息实践的输出模式和连接方式必须进行重构，同时输出内容和输出方式要变得相对稳定，如随着信息实践的稳定，多数人开始通过观看当地的电视节目或寻找特定的活动场所来获得新的知识和技能。

在信息实践最终适应期间，云南人口较少民族主动融入新信息环境，其信息实践已经随着新信息环境中的信息技术、信息文化等发生变化，同当地的社会规范、文化氛围相结合，信息实践的输出模式已经转变为顺应情境的自然选择。例如，云南人口较少民族早期的工作机会不多，基本上都是通过亲戚或其他族人的介绍获得，但是随着自身信息实践的稳定，多数人已经可以获取当地的就业信息来自主择业及创业。根据受访者的陈述可以发现，他们需要经历信息适应的四个阶段，这是一个自然顺应的过程，但基本上需要经历相当长的时间，并且在没有外界引导的情况下，他们难以通过知识获取和经验习得来强化新信息环境中的信息运用和吸收能力。相比之前，一些受访者进入这一阶段后，更善于在信息实践过程中通过提升信息获取和利用的能力来发现问题和解决问题，如云南人口较少民族先前基本上没有阅读行为，但现在有一部分族人会通过阅读图书、报刊等获取信息。尽管他们在文化上相对独立并对外界价值观有一定程度的疏离，但此时他们已经深刻地认识到只有打破这种束缚和偏见才能持续展开信息实践，只有持续跨越当前信息世界的边界，才能够在信息实践过程中积聚平衡信息环境的资源。因此，他们会不断改变与拓展自己的信息交互方式及社会网络资源，构建起沟通范围更广泛和信任度更高的信息交换网络，建立更多的信任关系，通过感知、行动及认知的协同和兼容来不断更新自己的信息实践。在这一阶段，我们发现云南人口较少民族信息实践的内容变得更加丰富，同时其信息实践的边界也得到相应的拓展，比如他们开始运用社交媒体和专业查询系统来获取一些相对有效的专业信息。

三　小结

总体来看，云南人口较少民族在跨文化背景下的信息适应是主动向外界寻求信息交换的必然选择，从暂时中断到恢复适应，是遭遇逆境后其信息实践与信息环境不断交互作用的最终结果。不过在这一过程中，云南人口较少民族在每一个阶段都面临一些关键的适应环节，并且通常需要外界给予足够的引导和帮助，否则他们很难独立应对。因为从我们的调研结果来看，这些适应环节不仅需要他们花费足够多的时间和精力去应对，还要通过自身的信息实践并根据适应环节的内容进行调整。我们在调研过程中发现，云南人口较少民族信息适应的关键环节包括：中断期间是否有充足的诱因促使其重新定位信息实践、定位期间能否通过持续稳定的利益计算来驱使自己不持续停留在摇摆不定的选择当中、转换期间能否采集信息实践转变策略中的效应反馈、重构期间信息实践的正向效应累积和优化效率提升与其认知结构是否兼容。

　　云南人口较少民族跨文化背景下的信息适应是其面临新信息环境时的一种被动尝试，他们需要经历周期相对漫长和调整相对缓慢的适应过程，不仅包括社会文化上的适应，还有行为心理上的适应。因此，结合第四章和第五章的结论我们可以发现，即便是在外部环境相对包容且机会相对充裕的情况下，云南人口较少民族向外界寻求信息交换时，也要经历一个漫长且充满诸多不确定性的适应过程，而在缺乏外界引导和帮助的情况下将难以顺利实现信息适应。由此可知，他们在传统习俗、生活方式和族群认同的深刻影响下要转变信息实践的模式将面临很大的困难，如此一来，跨文化背景下的信息适应进一步减小了云南人口较少民族从外部信息环境中汲取动力来改善信息贫困处境的可能性。

第八章

云南人口较少民族信息贫困所面临的现实问题及对策分析

第一节 成因分析

一 区域环境和族群特征影响下的信息实践

云南人口较少民族所处的区域环境及独特的个体特征，导致其获取信息的机会、能力和意愿都相对匮乏。首先，云南人口较少民族的经验积累和代际传承逐渐形成了一些共享的价值规范，这使他们的信息搜寻会在很大程度上受其文化传统和族群特征的影响，比如他们更倾向于搜寻茶叶和橡胶制作、蔬菜水果种植、家禽家畜养殖、宗教传统等方面的信息。其次，云南人口较少民族的信息搜寻很大程度上跟他们所处的地域环境和生活习惯相关。他们长期生活在相对闭塞的信息环境中，会共享族群内部传承下来的知识体系，形成了比较稳定的行为方式、认知模式和心理特质，并随着时间的推移逐渐内化到他们的生活经验和行为习惯中来，使多数获取外部信息的渠道和方式难以进入他们的视野范围。

再次，由于云南人口较少民族更信赖族群内部的知识体系和长期以来所积累的生活经验，很多时候他们的信息需求在村落内部就能够得到满足，因此他们倾向于搜寻相对简单和传统的信息。通常这些信息既与他们现有的认知相契合，又符合其主观接受意愿，如传统器物、口述经验等相关信息，那些既不符合族群传统和规则，又超出他们的认知范畴和接受意愿的外部信息在他们看来很有可能是没用的，至少是暂时不需要的。最后，云南人口较少民族在长期生活中对自身族群的崇拜及在情感上的依附，包括对族群内部事物以及他人的信赖，使他们形成了较为固定的认知模式和价值判断标准。很多时候他们难以改变这种固定的生活方式，而更易于接受简单化、实体化的信息。长此以往，这种稳定的文化认同和情感依附会使他们在搜寻信息时对外部信息怀有一定程度的偏见。

总体来看，云南人口较少民族的日常信息实践会受到传统习俗、知识体系、生活习惯、个体经验、关系信任和族群认同的影响，无论是信息需求的产生及表达，还是信息获取的来源和方式，以及信息分享的对象和范围，都被云南人口较少民族的主体特征所束缚，由此产生的信息实践不仅缺乏汲取动力和交换资源的能力，同时还被隔离在一个相对封闭的信息环境中，使他们的认知结构和生活方式不断地在族群内部传承，并最终形成了相对稳定的族群规范和世界观。同时族群内部的个体成员缺乏接触外部信息资源、信息技术和信息服务的意愿和机会，这使他们的自我意识和行动导向会进一步对外部环境中与族群规范和知识体系相对立的信息产生排斥和抗拒心理，从而在一定程度上限制了云南人口较少民族原本可以内容更丰富、动力更充足的信息实践，最终造成了他们在信息实践层面与外部社会成员的差距及其在信息社会结构中所处的不利位置。

二　圆周生活限制下的信息搜寻

圆周生活下的信息搜寻从内容和边界上限制了云南人口较少民族获取信息的感知和意愿。首先，圆周生活下的云南人口较少民族所遵循的文化传统，会使其尽可能避免搜寻那些与族群内部的传统和知识产生冲突的信息，从而导致其回避或选择性接触信息。他们在长期生活中通过经验积累和代际传承所形成的一些共享的价值和规范使他们的信息搜寻在很大程度上受其文化传统和族群特征的影响。同时，他们更信赖族群内部相对自然的知识体系和长期以来积累的生活经验。因此，他们会尽可能避免搜寻那些给族群内部的传统和知识带来冲突的信息。其次，圆周生活下的云南人口较少民族对人际交往和传统资源的利用相对较多，从中能够获得丰富的信息，这使他们很少主动寻求更多的途径和方式来解决当前所遇到的问题。云南人口较少民族对族群内部传统习俗和知识体系的遵循，可能导致他们的信息需求更多地受到社会文化背景、价值观以及个人生活方式的影响，从而使这些被影响的个体在面对与原有的社会文化背景及生活方式不一致的信息时存在理解上的不确定性，因此在不确定性尚未消除前，他们很难主动接触这些可能与他们的现有观念存在冲突的信息。再次，圆周生活下的族群认同会使云南人口较少民族对自身族群的传统习俗、知识体系、生活习惯以及族群内部的成员关系产生强烈的认同感和依附心理。这种强烈的认同感构建了族群内部的规范和价值，云南人口较少民族会因此而排斥不符合族群内部语言、习俗、知识、理念、关系的信息，也导致他们很少主动在外部世界搜寻信息。最后，圆周生活下的云南人口较少民族通常不愿意跨越族群向外界搜寻信息，因为信息资源的获取取决于拥有这些资源的个人的关系以及个人在社会结构中所处的位置，因此社会网络会限制或促进个体的信息搜寻。与处于不同层级的人相比，处于同一层级的人往往因为他们所处的情境和个体特征更相似，而更容易向彼此搜寻相似的信息资源。

总体来看，圆周生活下的信息搜寻从内容和边界上限制了云南人口较少民族获取信息的感知和意愿，他们长期生活在相对闭塞的信息环境中，其信息需求很多时候在村落内部就能够得到满足，因此他们更倾向于搜寻相对简单和传统的信息，会共享和遵守他们在族群内部传承下来的知识体系，形成比较稳定的行为方式、认知模式和心理特质，并随着时间的推移逐渐内化到他们的生活经验和行为习惯中来，使多数获取外部信息的渠道和方式难以进入他们的视野范围。因此，圆周生活下的云南人口较少民族不会过多地关注外界事物的发展，也很少主动地改变现有的生活方式，从而更容易理解和接纳族群内部的知识和经验。他们在日常生活中面对很多需要解决的问题时已经形成了一种完全依赖"族群内部资源"的思维定式，当他们能够从族群内部获取信息来解决在相对闭塞的生活环境中遇到的问题时，则不会跨越族群边界向外部搜寻信息。综上所述，族群内部相对封闭的信息搜寻决定了云南人口较少民族的信息需求和信息获取难以跨越圆周生活，从而导致其信息搜寻过程中的结构和方式单一、内容和范围固定、认知和理念固化，使云南人口较少民族形成了相对狭隘的圆周生活。如果不主动跨越圆周生活的边界向外界寻求信息交换，他们将很难摆脱圆周生活中小世界情境、社会规范、世界观以及社会类型的影响；在传统习俗、生活方式和族群认同的影响下，他们很可能长期处于信息贫困的状态。

三 族群认同作用下的信息传播

族群认同下的信息传播网络和传播模式从路径和范围上进一步限制了云南人口较少民族同族群外部的信息交换。首先，在同质性积聚模式中，族群认同使云南人口较少民族在进行信息传播时会因为该群体中的个体往来频繁、交流充分以及彼此之间强烈的认同感，而使规制性文化和互惠行为在信息传播过程中迅速形成，同时使族群内部成员在信息传播过程中形成信任关系、角色期望、义务认同以及隐私保护，并在此基础上加强各成员间的联系，从而降低在信息传播过程中所面临的不确定性，并在信息传播环境中发挥较强的积聚作用，使其迅速形成一个能够有效强化族群内部个体信息传播意愿的闭合网络。其次，在族群内部高强度的社会关系网络中，云南人口较少民族根据自身对信息的价值评价和对传播对象的信任关系，基于广泛的社会交往范围构建了较为完善的信息传递链条，因此在面对族群内部成员时，他们通常都认为自己拥有更多的社会关系与合作行为，因而具有较强的信息传播意愿，同时信息在族群内部也具有较高的传播速率和传播效率。再次，在异质性分化模式中，云南人口较少民族在面对族群外部成员传播信息时会因为强烈的族群认同感，而与其他群体存在不同程度的文化交流和社会关系上的差异，因此会出现族群内部的信息传播与族群外部其他群体信息传播并存的情况，从而在信息传播过程中形成一个比较分化的异质性较高的集群。在众多集群中，云南人口较少民族的地缘和文化使他们保持着相对独立性，在面对族群外部成员传播信息时，他们在信息传递过程中所扮演的角色和怀有的预期也不尽相同，很难像面对族群内部成员那样具备足够的信任从而有更多的信息分享行为。最后，在族群认同的作用下，云南人口较少民族甚至会通过阻断信息传播或扭曲信息内容的方式来影响族群内部信息向族群外部的传播，尤其是涉及风险选择和利益价值关联的信息时，他们会因为缺乏足够的关系信任和价值认同而产生不确定性，进而引发对族群外部成员信息传播的阻碍。因此在面对族群外部成员传播信息时，云南人口较少民族通常都认为自己与外部群体缺乏一般性的社会互动与互惠行为，因而对于外部群体成员的信息传播意愿不强，信息在从族群内部向外部传播的过程中，传播速率和效率都相对较低。

总体来看，人际交流是云南人口较少民族信息传播的主要方式，其信息传播在很大程度上受到导向情感、频繁互动、强度信任、互惠交换、行为价值、群体成分、派系角色、障碍阻断等作用机制的影响，传播范围主要集中在社会背景同质性更高的群体和较为初级的社会关系网络中，以减少成员在获取信息时面临的不确定性，同时双向交流和有效反馈的形式能够为族群内部的信息传播减少障碍，提高传播的效率和速率。但从族群内部向外部传播信息时，云南人口较少民族会因为自身独特的文化传统和生活习惯，与族群外部不同类型的群体在文化交流和社会关系上存在差异，进而形成一个比较分化且异质性较高的集群。集群中云南人口较少民族的地缘和文化保持着相对独立性，与族群外部成员关系相对疏远并缺乏有效的沟通和协作，使族群内部对外部群体的信息传递存在不同程度的分化和差异，同时族群内部的多数个体通常都认为自己与外部群体缺乏一般性的社会互动与互惠行为，因而对外部群体成员具有较弱的信息传播意愿。信息从族群内部向外部群体传播的过程中，传播速率和效率都相对较低。这种高度依赖族群内部血缘亲缘关系的信息传播模式，使云南人口较少民族的信息传播集中发生在族群内部，并且会进一步降低和减少云南人口较少民族同族群外部交换信息的意愿和机会，这也导致云南人口较少民族在同外部社会群体进行信息传播比较时，呈现出独立性和差异性。这使他们的信息传播长期处于相对封闭的环境中，如此不仅难以接触外部信息，还难以获得外部社会的关注与包容，从而进一步加剧了信息贫困。云南人口较少民族无法摆脱族群认同对信息传播的影响，因此他们难以通过与外部群体交换信息来扩大自身信息实践的边界范围，并从中汲取融入外部信息社会、获得发展的动力，这也决定了他们当前所面临的信息贫困处境。

四 跨文化背景阻隔下的信息适应

跨文化背景下的信息适应进一步减少了云南人口较少民族通过从外部信息环境中获取资本和动力来改善其信息贫困处境的可能性。首先，云南人口较少民族进入陌生环境后，其信息实践很大程度上会受到原有族群特征和生活习惯的影响，使他们在信息的感知及获取上更多地依赖原先的经验，这必然会阻碍其对新信息环境中信息源和信息需求的判断，相比之下他们更倾向于运用和吸纳与原先类型相似的信息源。与此同时，云南人口较少民族在长期生活中形成的行为规范，会因为与新信息环境中的资源条件相冲突，而成为其行为观念上的束缚，这种突然出现的限制进一步加剧了对云南人口较少民族信息实践的阻碍。如果没有合适的契机及外界的帮助，他们很难迅速从消极被动转变为主动感知外部的信息环境。其次，云南人口较少民族在信息实践过程中遭遇的未知变化，使他们对自己日常生活的布局和节奏失去了原有的控制力。当失控达到一定程度时，他们开始变得焦虑却又难以解决问题，此时他们是否转向对外界环境的感知取决于其面临的压力和失控的程度是否足以让他们寻求改变。云南人口较少民族在原先的生活环境中形成了较为固定的认知模式和价值判断，再加上他们运用和吸收信息的能力相对较弱，使其更易于运用和吸纳简单化、实体化的信息。此时如果他们没有通过持续稳定的利益计算来转变策略，那么他们将持续很长一段时间停留在摇摆不定的状态，直到最终通过努力逐渐摆脱原先认知预设的影响，才有可能主动组建信息实践的策略方案并进入下一个阶段。最后，云南人口较少民族根据信息实践策略方案设定目标的可及性和可靠性来选择方案，他们会根据信息实践和信息环境的契合度做出适当调整，但需要在改变信息实践策略和方案的过程中根据自己的判断不断改变其所处位置的倾向。此时，他们需要借助重复的信息实践试错环节和有效的信息实践纠错行为来采集信息实践转变策略的反馈。他们在这一阶段初期很难通过相对独立的操作和反馈试错来逐渐修正行动路径，而需要借助外部力量的引导，在引导调控和功能优化过程中选择最优的信息实践，逐渐形成一些自我认同的习惯和观念来摆脱先前文化独立性和族群特征对其信息实践的影响，并开始在信息实践过程中不断吸收新的理念。如果此时云南人口较少民族无法提出信息实践优化调控的应对措施以保证信息实践的稳定输出，那么他们在上一阶段的认知操作将难以在协同一致的指引下做出对信息实践模式的自然反应。只有当云南人口较少民族的信息适应达到这一阶段时，才最有可能从先前的信息实践模式中转移出来，但这一过程要得到系统整合与整体强化，其信息实践的输出模式和连接方式必须在这一阶段进行重构，才能转变为顺应情境的自然选择。在没有外界引导的情况下，他们难以通过知识获取和经验习得来强化新信息环境下信息运用和吸收的能力。只有持续跨越当前信息世界的边界，才能够在信息实践过程中聚集信息环境的资源。因此，他们会不断转变和挖掘信息交互方式及社会网络资源，构建起沟通范围更为广泛和信任度更高的信息交换网络，建立更多的信任关系，通过感知、行动及认知的协同和兼容来不断更新自己的信息实践。

总体来看，云南人口较少民族在跨文化背景下的信息适应是其主动向外界寻求信息交换的必然选择。从暂时中断到恢复适应，是遭遇逆境后其信息实践与信息环境不断交互作用的最终结果。不过在这一过程中，云南人口较少民族在每一个阶段都会面临一些关键的适应环节，并且通常需要外界给予足够的引导和帮助，否则他们很难独立应对。因为从我们的调研结果来看，这些适应环节不仅需要花费足够多的时间和精力去应对，还要根据内容进行调整和转化，其关键适应环节包括：中断期间是否有充足的诱因促使其重新定位信息实践、定位期间能否通过持续稳定的利益计算来驱使自己不会持续停留在摇摆不定的选择状态、转换期间能否采集信息实践转变策略中的效应反馈、重构期间信息实践的正向效应累积和优化效率提升与其认知结构是否兼容。云南人口较少民族跨文化背景下的信息适应是其面临新信息环境时的一种被动尝试，他们需要经历周期相对漫长和调整相对缓慢的适应过程，不仅面临着社会文化上的适应，还包括行为心理上的适应。因此，即便是在外部环境相对包容且机会相对充裕的情况下，云南人口较少民族向外界寻求信息交换时，也将面临诸多不确定性，并且在缺乏外界引导和帮助的情况下将难以顺利实现信息适应。由此可知，他们在传统习俗、生活方式和族群认同的深刻影响下改变信息实践方式会面临很大的困难。如此一来，跨文化背景下的信息适应进一步减小了云南人口较少民族通过从外部信息环境中获取资本和动力来改善信息贫困处境的可能性，其信息贫困状态因此很难有实质性变化。

综上所述，云南人口较少民族的信息贫困不是单一致贫因素引发的现象，而是生活环境、族群特征、生活方式、族群认同等多重因素所导致的。其信息实践相对集中和固化、信息搜寻难以跨越族群边界、信息传播依赖族群血缘亲缘关系、信息适应周期漫长且充满不确定性，这在很大程度上造成了其信息贫困的处境。

第二节　对策建议

通过对当前云南人口较少民族信息贫困问题的分析，本书认为政府部门、职能机构、社会团体以及云南人口较少民族自身可以从以下三个方面推进信息实践的多维减贫，将信息资源及服务融入云南人口较少民族的日常生活中，提升他们获取和利用新资源及服务的主动性和积极性。在提升其信息素养和信息交换频率的基础上，改善云南人口较少民族所面临的信息贫困处境。

一　从整体上增强易用性

国家通过出台云南人口较少民族信息资源及服务获取的相关政策对已有信息资源及服务进行极具整合性和倾向性的配置，从供给层面增强信息资源及服务的易用性，同时让圆周生活下的云南人口较少民族有能够接触外部环境中信息技术的机会。社会机构和团体直接向云南人口较少民族地区提供信息化设施建设和信息服务来保障其信息获取的机会，从配给层面增强资源及服务的易用性，同时可以让有着族群认同感的云南人口较少民族增强获取外部信息来源和信息技术的能力。云南人口较少民族通过自主选择信息资源及服务的获取和使用方式来激发其信息实践的动力，从主体层面增强资源及服务的易用性，可以让跨文化背景下的云南人口较少民族在原有的认知结构中形成对外部社会信息资源及服务的操作认知。

因此，国家、社会机构及团体、云南人口较少民族自身从整体上提升信息资源及服务的易用性，能够从各个层面有效降低少数民族对于信息资源及服务的使用成本。高贫困率和低收入使云南人口较少民族无法负担信息资源及服务的使用成本，低识字率和信息素养的缺乏使他们对信息资源及服务的理解受到很大程度的限制，例如独龙族在面对外部信息资源及服务时会存在语言、文化上的障碍，外部社会所提供的信息资源及服务通常难以满足他们的信息需求，使他们对于外部信息资源及服务的易用性和使用成本缺乏有效的理解并产生偏见，因此从一开始就选择放弃使用相关的资源及服务。云南人口较少民族的文化水平不高，使其趋向于利用传统和简易的资源及服务。同时，他们对新兴技术和服务的使用意愿也在很大程度上取决于使用效果的直观感知程度，例如基诺族的信息需求与其日常生活息息相关，因此他们更多地关注与日常生活相关的信息资源及服务，如农业、宗教等方面的信息资源及服务。

在此基础上，要从各个方面确保云南人口较少民族感知、获取和利用信息资源及服务的易用性，最大限度地消除圆周生活、族群认同和跨文化背景对其感知接触和利用外部社会资源及服务的消极影响。首先要保证信息资源及服务对于云南人口较少民族的可及性。信息资源及服务能够在第一时间呈现在云南人口较少民族的视野当中，是能够被他们获取和利用的前置条件。由于其信息实践面临种种障碍，通常情况下他们能够接触的信息资源及服务相对有限，政府和相关职能服务机构应该尽可能通过不同的途径和方式将公共信息资源及服务纳入他们的感知范围，消除社会文化和区域经济发展所导致的障碍阻隔和分化结构，比如可以采用跨语言或跨文化的信息内容供给服务，通过内生性嵌入或泛在化推送的方式将信息资源及服务传递到他们的日常生产生活中，提供既能够被他们的认知结构所理解，又能够被其主观意愿所采纳的信息资源及服务，特别是那些被他们关注且有较强意愿接纳的生活领域和活动范围。其次要注意信息资源及服务对云南人口较少民族的可用性。由于当前大部分信息技术和信息内容难以被他们所理解，除了第一时间将资源及服务呈现在他们的视野范围中，还应该考虑资源及服务的可用性，也就是他们需要什么样的信息资源和服务以及为什么需要这些资源和服务，他们会不会不接纳这些服务，如果不接纳的话原因是什么。所以在某种程度上，政府机构和社会团体所提供的信息资源及服务不仅要免费，而且需要在感知层面"免去"更多与云南人口较少民族的日常生活习惯和传统习俗缺乏兼容性的环节和内容，消除他们在资源获取和服务利用过程中对使用成本的担忧，对使用成效和族群内部规则规范的威胁的顾虑，从而最大限度地降低他们在资源感知和服务体验环节中由于预期不足和缺乏信息所产生的不确定性，例如，除了可以为云南人口较少民族提供免费、均等、无差别的信息资源及服务外，还应该在供给的同时主动消除他们在感知获取、汲取利用及认知转化上对信息资源及服务的障碍阻隔，从而尽可能地让他们觉得这些资源和服务对他们来说不仅是"有用的"（包括增加财富、提升技能、促进文化传承等），还不需要过多地耗费他们当前所拥有的资源（包括人力、物力、时间及财力等）。

二 在过程中加强能效性

国家通过出台云南人口较少民族信息资源及服务利用的相关政策对已有信息资源及服务进行配置，能够从转化层面加强信息资源及服务的能效性，同时可以让圆周生活下的云南人口较少民族从资源的整体性配置过程中感知到信息资源及信息技术，以及圆周生活对其信息搜寻的束缚，从而增强其日常生活的便捷性。社会机构和团体在云南人口较少民族地区组织开展信息利用培训和成效展示活动来强化信息利用的直观性效用，从匹配层面加强资源及服务的能效性，让族群认同下的云南人口较少民族在族群内部传播信息时，加强与外部社会的信息交换，通过匹配性的资源供给和个性化的服务体验来强化他们对族群外部交换关系的认同。通过自主参与和全程见证信息资源及服务的利用效果来激发其信息实践的活力，从认知层面加强资源及服务的能效性，同时可以缩短其进入外部新信息环境时的信息适应周期。

因此，国家、社会机构及团体、云南人口较少民族自身在不同过程中加强信息资源及服务的能效性，能够增强其对于信息资源及服务的使用意愿。他们在日常生活中通过经验积累和代际传承所形成的认知结构，会在很大程度上影响其对日常生活中数字资源及服务的判断和选择，同时也会限制他们进一步吸收相应的信息资源并转化到自己的认知结构中，例如布朗族在长期生活中形成并延续下来的习俗和观念，已经成为他们的认知模式和价值标准，主要用来判断在日常生活中需要什么和不需要什么。这使他们信息实践的内容和方式相对简单和固化，而且不会过多地受到外界的影响。云南人口较少民族在日常生活中所形成的比较稳定的行为方式和心理特质，更多地倾向于自己熟悉的生活方式，与外界的隔绝和孤立使他们形成了比较稳定的生活习惯，这会直接影响他们在日常生活中对信息资源及服务的选择意愿，例如怒族长期以来挖掘和运用外界信息资源及服务的能力相对较弱，这使他们更易于运用和吸纳能够被自己理解的资源及服务。

在此基础上，政府机构、社会团体要从各个方面确保信息资源及服务对于云南人口较少民族的生活改善和主体发展的能效性，最大限度地消除圆周生活的小世界情境、族群认同的分化传播和跨文化背景中的适应障碍。首先，要强调信息资源及服务的效用对于云南人口较少民族的直观性。云南人口较少民族在长期生活中形成了较为固定的认知模式和价值标准，再加上他们对外部信息资源及服务的使用意愿和吸收能力都相对较弱，使其通常情况下更易于接受简单化、实体化的信息。因此，为其提供的信息资源及服务应该将已有的行动路径和选择集合纳入考量范围，尽可能通过浅显易懂的转换方式使资源及服务与其价值判断和感知需求相契合，使他们能够根据自己的理解对使用信息资源及服务后的效用进行观察和思考，从而改变对外部信息资源及服务的态度，例如政府机构和社会团体可以云南人口较少民族愿意接纳的方式，主动观察和询问当地人口较少民族迫切需要解决的问题，并从中挑选出借助信息资源及服务能够尽快解决的问题，以他们所能理解和操作的方式来呈现这些信息资源及服务的效用。其次，要注重信息资源及服务对于云南人口较少民族特征及偏好的针对性。云南人口较少民族的生活方式相对稳定，很多时候他们难以改变长期以来形成的生活和行为方式，与族群内部传统文化相适应的生活方式使他们的需求及偏好相对稳定、集中，因此可以将信息资源及服务更为集中地指向云南人口较少民族的这些需求及偏好，从中识别出更具诱导性和刺激性的因素并纳入政府机构和社会团体的资源配置和服务设计中来，例如，可以根据云南人口较少民族日常信息需求的具体情况，从中识别出与其动机关联性最强的要素和契机，确保在其价值认同和自主操作的基础上，为他们提供能够被接纳和理解的信息资源及服务，实施可持续的帮扶措施，帮他们学到自己感兴趣的技术和知识，最大限度地使其获益。

三　在背景下嵌入保护性

国家通过出台针对云南人口较少民族信息资源及服务利用的政策，在社会稳定和民族团结的背景下，对已有信息资源及服务的可及性和可获取性进行融合性配置，能够在社会融合背景下嵌入信息资源及服务对云南人口较少民族信息实践的保护性，同时可以让圆周生活下的云南人口较少民族最大限度地消除他们向外部搜寻信息时族群特征和生活方式所带来的情境感知。在社会包容的背景下，社会机构和团体通过直接向云南人口较少民族地区提供多元化和跨文化的信息资源及服务，能够在跨文化背景下嵌入信息资源及服务，同时可以让族群认同下的云南人口较少民族尽可能地解决族群内部关系信任所带来的选择性过滤及排斥等问题。云南人口较少民族在族群认同背景下，通过主动融入与其日常生活密切相关的资源交换体系来传承族群文化知识，从而最大限度地消除获取和利用外部信息的障碍。

因此，国家、社会机构及团体、云南人口较少民族在各自对应的背景下嵌入信息资源及服务的保护性，能够消除少数民族对信息资源及服务的排斥心理。云南人口较少民族对外部环境的理解以及信息资源和服务所具有的包容性，也是其介入信息资源及服务的主要障碍。由于语言、文化以及生活方式存在差异，他们对外部信息资源及服务存在一定程度的畏惧心理和不信任感，同时存在理解上的障碍，例如当前大多数信息资源及服务的主体内容都是由汉语构成的，这就造成部分云南人口较少民族获取及使用信息资源和服务时会存在理解上的困难。云南人口较少民族通常都聚居在远离现代社会发展的山地或边境，由于受到族群内部传统文化和生活习惯的影响，他们担心外部信息资源及服务对其内部传统文化和沟通方式的同化和破坏，这使其对外部信息资源及服务的使用持怀疑态度，如独龙族对于外部社会提供的信息资源及服务存在理解上的偏差和一定程度的排斥，因此他们会对外部信息资源进行选择和过滤，尤其是对其内部价值、规范和准则存在冲击和破坏的信息资源及服务。

要从各个方面确保信息资源及服务对云南人口较少民族文化传承、族群发展和知识体系的保护性，最大限度地消除圆周生活、族群认同和跨文化背景对云南人口较少民族接触和使用外部社会的信息资源及服务的消极影响。首先，政府机构和社会团体在提供信息资源及服务的过程中，要突出信息资源及服务的内容和形式对云南人口较少民族自主意识和群体活动的兼容性，因为他们在长期的族群生活中形成了相对稳定的价值判断，并不断巩固和作用于自己的世界观，对于支配云南人口较少民族的生活方式及行为规范有一套自我认同的运作机制及判断标准。长时间的族群内部生活使他们对外部信息资源及服务持怀疑和畏惧态度，因此他们通常不允许外部世界对自己的传统习俗和生活方式有过多的干涉及控制。为了尽可能避免信息资源及服务中存在与云南人口较少民族的生活和文化相冲突的内容，导致他们产生抵触情绪，政府机构和社会团体应该在尊重其生活方式和社群规范的基础上强化他们对信息资源及服务的信任感，例如可以通过加强信息资源及服务与当地人口较少民族生活习惯的兼容性，来提供与他们的日常生活习惯和文化传统一致性较高的信息载体及内容，鼓励和帮助他们主动开展基于自我预期的信息实践活动来满足他们对于族群内部资源共享及文化传承的好奇心和让他们感兴趣的信息需求。其次，政府机构和社会团体要促进信息资源及服务与云南人口较少民族文化传统的融合。他们对自身族群存在强烈的认同感和依附心理，这使他们在生活习惯和文化传统上保持着相对独立性，因此政府机构和社会团体在提供信息资源及服务时需要考虑与其生活环境和文化的交流与互动，注重在融合与交互的前提下设计资源载体和服务形式的集成效应，最大限度地将云南人口较少民族日常生活的本土化要素嵌入信息资源及服务中，进一步帮助他们更好地传承其文化习俗和知识体系。例如可以在征得当地人口较少民族同意的情况下，帮助他们利用信息化技术对其传统文化、知识体系和族群特征等本土化元素进行有效的资源封装和集成，向外界宣传，让更多的人去体验和了解他们的风俗文化和知识资源，从而吸引外部社会的关注，并促进同外部社会的信息交换。最后，要尽可能增加云南人口较少民族接触外界信息和理解外部社会的机会。政府机构和社会团体等可以通过增强信息媒介和文化产品在云南人口较少民族内部传播的有效性和针对性，来促进他们对外部社会文化和信息的接触和感知；通过持续跟进的媒介流动效应和内容传播推广，使云南人口较少民族融入与其社会活动及日常交流交往相关的社会信息融合体系，在此基础上逐渐增加人口较少民族内部社会资本的存量，弱化其信息传播过程中以人际传播为主和高度依赖地缘血缘关系的负面影响。例如可以对云南人口较少民族中的年轻人进行相应引导，关注其感兴趣的媒介服务和信息技术，促进其与外界文化的融合，可通过提供教育培训和工作岗位的方式让其融入外部社会，通过互动来赢得彼此间的信任,同时也能够引起外部社会对云南人口较少民族的关注。此外,还要注重对青少年进行相应的引导,提高其与信息资源及服务的融合程度,因为他们不但对新兴的信息技术充满了好奇,还能够根据自身发展和文化传承将二者进行有效的融合,同时也会将这些技术和理念传递给其他家族成员和年长者,所以应鼓励他们使用这些技术来解决新的问题。

第三节　结语

本节主要对云南人口较少民族信息实践的相关内容进行总结和回顾,并在此基础上对后续研究进行展望。

一　主要结论

云南人口较少民族的日常信息实践会受到传统习俗、知识体系、生活习惯、个体经验、关系信任和族群认同的影响。无论是信息需求的产生及表达,还是信息获取的来源和方式,或者是信息分享的对象和范围,都深深地受其主体特征和所处情境的影响。由此产生的信息实践不仅缺乏汲取动力和交换资源的能力,还缺乏接触外部信息资源、信息技术和信息服务的意愿和机会,从而在一定程度上限制了云南人口较少民族原本可以内容更加丰富、动力更加充沛的信息实践,最终使他们的信息实践与外部信息社会成员之间存在一定差距甚至在信息社会结构中处于不利位置。

圆周生活下的信息搜寻从内容和边界上限制了云南人口较少民族获取信息的感知和意愿。他们在相对闭塞的信息环境中所形成的比较稳定的行为方式、认知模式和心理特质,会随着时间的推移逐渐内化到他们的生活经验和行为习惯中来,使多数获取外部信息的渠道和方式难以进入他们的视野范围，从而使其更容易理解和接纳族群内部的知识和经验，并对很多问题的解决办法已经形成了一种完全依赖"族群内部资源"的思维定式。族群内部相对固定的信息搜寻模式决定了云南人口较少民族的信息需求和信息获取难以跨越圆周生活，从而导致其信息搜寻的结构和方式单一、内容和范围固定、认知和理念固化。在传统习俗、生活方式和族群认同的影响下，云南人口较少民族将很有可能长期处于信息贫困状态。

云南人口较少民族的信息传播主要集中在社会背景同质性更强的群体和较为初级的社会关系网络中，以减少成员在获取信息时面临的不确定性；但当族群内部向外部群体传播信息时，云南人口较少民族会因为自身的文化传统和生活习惯，同族群外部的其他群体存在不同程度的文化交流和社会关系上的差异性，使族群内部对外部群体传递信息时存在不同程度的分化，同时认为自己与外部群体之间缺乏一般性的社会互动与互惠行为，因而信息从族群内部向外部传播过程中的速率和效率都相对较低。云南人口较少民族的信息传播长期处于相对封闭的信息交换环境中，不仅难以接触外部信息，还难以获得外部社会的关注。由于无法摆脱族群认同对其信息传播的影响，他们将难以通过与外部群体交换信息来扩大信息实践的边界范围，从中汲取融入外部信息社会和自我发展的动力，同时高度依赖族群内部血缘亲缘关系的信息传播在很大程度上决定了他们当前所面临的信息贫困处境。

云南人口较少民族在跨文化背景下的信息适应是其主动向外界寻求信息交换的必然经历，是遭遇逆境后其信息实践与信息环境不断交互作用的最终结果。信息适应的周期相对漫长，调整也相对缓慢，不仅包括社会文化上的适应，还包括行为心理上的适应。因此，即便是在外部环境相对宽松且机会相对充裕的情况下，云南人口较少民族在跨文化背景下向外界寻求信息交换时，也将经历一个漫长且充满诸多不确定性的适应过程，而在缺乏外界引导和帮助的情况下将难以顺利完成信息适应。因此，他们在传统习俗、生活方式和族群认同的深刻影响下要转变信息实践模式会面临巨大的困难。跨文化背景下的信息适应进一步减小了云南人口较少民族从外部信息环境中汲取资本和动力以改善信息贫困处境的可能性。

总体来看，族群认同形成了族群内部的规范和价值，使他们对族群内部的传统习俗和生活方式有着强烈的认同感和依附感。族群内部通常不允许外部世界对此有过多的干涉及控制，会在其信息实践中过滤那些不符合族群内部规范和价值的信息来源及获取方式，从而使信息需求相对集中，获取途径也比较固定，并很少向族群外部搜寻信息。即便是主动跨越族群边界向外界寻求信息交换，他们也面临着情况复杂和周期往复的信息适应。因此，当前云南人口较少民族所面临的信息贫困由多重因素所致，其中族群认同是贯穿所有因素的核心链条，仅仅通过政策帮扶和主体资源配置，想在短期内从根本上改善其信息贫困处境是难以实现的。

二 研究不足及展望

尽管本书对云南人口较少民族的信息实践进行了深入调研和系统考察，分别从信息搜寻、信息传播和信息适应三个层面呈现出信息贫困的可能成因，并在此基础上对其融入信息社会、消除信息贫困的现实问题和对策建议展开讨论，但对云南人口较少民族信息贫困的研究才刚刚开始，同时存在一些不足，包括调研样本的选择过多地考虑数据的可获得性，样本抽样过多地考虑数据分析的便利性等，使本书的分析过程受到一定程度的影响，且仍然存在很多值得深入探讨的问题，今后的研究主要包括以下几个方面。

第一，政府部门、职能机构和社会团体如何结合自身语言、文化、观念的特殊性，来理解和认识云南人口较少民族接受与其需求相匹配的信息资源及服务。

第二，对云南人口较少民族信息实践的主体因素和具体情境需要进行更深入的考察，重新审视其在族群特征和生活方式影响下的信息资源供给条件和服务内容的成效，避免对外界信息资源和服务供给产生排斥。

第三，关注他们在获取及使用外部信息资源和服务的过程中，是否存在行动和认知的不确定性所导致的焦虑与困惑，并在此基础上寻求对各类资源及服务的能效进行解释和调节的服务策略。

第四，在反复调控中进行修正和优化，确保云南人口较少民族在保护传统的前提下开展信息实践，并识别汲取动力、跨越族群边界、寻求突破和创新的多重影响因素。

| 附录 A |

云南人口较少民族信息实践的问卷调查及访谈提纲

面对面调查问卷

人口统计

1. 性别：□男□女

2. 年龄：□17 岁及以下□18～30 岁□31～40 岁□41～50 岁□51～60 岁□61 岁及以上

3. 民族：□基诺族□布朗族

4. 教育水平：□不满小学□小学□初中□高中□大专

5. 家庭收入：□1 万元以下□1 万～3 万元□3 万～5 万元□5万～7 万元□7 万元以上

6. 语言：□懂汉语□不懂汉语

7. 识字能力：□看不懂文字□能看懂简单的文字□能熟练阅读

信息需求

你在日常生活中需要哪些信息？

信息获取

你在日常生活中可以通过哪些方法和技能来获得你想要的信息？

信息分享

你在日常生活中与哪些人分享和交流信息？

深度访谈提纲

1. 你在日常生活中都会做哪些事情？能否描述下你近期的生活状况？

2. 你平时跟外界联系多吗？你平时如何知道外界发生的事情？你通常会把你知道的信息告诉哪些人？请详细描述一下你选择告诉他（她）的原因？你觉得你不会跟其他人分享哪些信息？不分享这些信息的原因是什么？

3. 在日常生活中你是否会遇到困难？你是如何解决这些困难的？如果无法解决你会怎么办？

4. 你对目前的生活状况满意吗？为什么？

5. 你目前掌握了哪些信息技术/技能？你是如何获得这些信息技术/技能的？你在日常生活中会运用这些技术/技能做什么？

｜附录 B｜

云南人口较少民族信息实践访谈资料的
文本分析示例

信息实践	影响因素	证据示例（部分）
信息需求	传统习俗	我们平时主要去山上割胶，有时候会打理茶叶，因为我们不怎么给茶树打药，所以要经常除草和打虫。到了比较重要的节日，族里的人都要聚在一起商讨准备事宜，而且那个时候大家要一起参加族里的活动，尤其是一些大型节日前夕，我们要花费很长时间来做准备，每年也要花很多时间去准备族里的祭祀活动，这些事情基本上很早就要开始准备。我们的宗教活动很多时候是族人基于自然力量的图腾崇拜，这导致我们的生活跟自然更接近，我们无论做什么事情都会强调自然的影响，所以不会过多地强调违背自然规律之外的东西，在这一点上我们跟其他地方的人是不一样的，所以我们需要的东西基本上都来自自然，至少符合自然规律
信息分享	族群认同 关系信任	基本上是跟自己家里人联系，村主任和书记会跟外面的人打交道，我们这里很少有外族人来，平时也不怎么出去。很长时间以来我们跟外族没有通婚，这是因为我们觉得找本族的人结婚会比较好，虽然后面这种情况会逐渐变好，但还是有很多顾虑。我们自己族的人经常聚在一起谈论自己的事情，但是如果有外族人在旁边，我们就会换一个地方或者干脆到家里讨论

续表

信息实践	影响因素	证据示例（部分）
信息分享	族群认同 生活习惯	偶尔就是看电视，有时候会听村里人讲外面的事情，觉得太过复杂，不太想了解外面的事情，并且我们自己有要做的事情，外面的很多信息有时候也不是什么好事情，我们在山里其实过得很自在。很多时候我们跟外界的交流不多，因为每天很大一部分时间是忙自己家里的事情，你会发现我们每天都有干不完的活，所以肯定没有时间去了解外面的事情
信息获取	个体经验 生活习惯	主要是一些关于种植的问题，每天还会看天气预报，能够为第二天干活做准备，有时候错过了电视上的天气预报，就去问哥哥，他基本上都知道。不过很多时候，我看完之后也不会考虑最近的天气情况有什么变化，但是我哥哥大多时候会告诉我，天气变化要注意哪些事情，尤其是养猪跟养鸡需要注意的一些事情，但有时候还是会出现一些意想不到的问题
信息分享	关系信任	这要看什么消息，一般情况下我只会跟我丈夫或者父母说这些事情，基本上不会跟其他人说。有时候也会跟我女儿讲，不过有些时候我会跟哥哥说，因为他们不会把我说的这些事情散播出去，而且会告诉我要不要做，或者要怎么做，不过有时候我会把一些无关紧要的事情跟村里人谈论，尤其是平时大家聊天的时候，就会说出来，基本上这些事情在族里大家都可以说，虽然说"家丑不外扬"，但在我们村却觉得很正常，除非实在是见不得人的事情，不然大家都会把这些事情拿来谈论
信息分享	族群认同 传统习俗	很多事情都不能说的，比如说你认为谁不好，你不喜欢谁，尤其是不能在背后谈论别人，另外就是在村子里不能散播一些不尊重族长和老人的话，否则会被大家批评。很多事情，尤其是违反族规的事情，若说出去，族里的人就会把你当外人。我们很少会跟汉族人深交，因为我们在很多事情的看法上存在区别，一般情况下，我不会主动跟他们说话，除非关系很好的朋友介绍或者真有特别重要的事情
信息获取	知识体系 传统习俗	遇到困难的时候，我会请教村里年长的族长或村主任，他们一般都能帮我解决，可能有些时候等不及，就直接打电话给我在乡里的亲戚，他们知道该怎么处理，不过很多时候自己就能解决，每天遇到这些事情，也谈不上是什么困难，况且谁没遇到过困难。那些当官的

续表

信息实践	影响因素	证据示例（部分）
信息获取	知识体系 传统习俗	也面临很多困难，每天都有操心的事情。我一般不太喜欢麻烦别人，如果实在有问题解决不了，很多时候我可能也不管了，因为还有其他事情等着我去处理
信息分享	关系信任 族群认同	但是在村子里，我们每天没有太多的事情，要做的事情我们从小就会做，在我们族里，大家更像是一个大家庭，有什么事情，大家都一起来商量，所有人都会出力。大家的关系都很单纯，没有什么需要计较的。去年乡里动员大家凑钱修路，我们村基本上没有花太多时间就把钱凑齐了，但我知道有几个村连把钱凑齐都很困难
信息需求	知识体系 个体经验 传统习俗	我不会讲太多汉语，也不识字，但我会看电视，时间长了就能听懂一些汉语。网上有很多复杂的东西，很多孩子都在网上学坏了，而且我发现现在很多小孩在外面学了一些不好的东西，回来之后开始不尊重族规了，一些基本的活动也不参加了，或者不是诚心参加，但是我们也没办法，孩子在外面上学，没有手机我们联系不到他就会很担心，很多时候也在考虑要不要给他用手机，尤其是族里的老人很不喜欢村里的小孩整天拿着手机看
信息获取	个体经验 知识体系	现在村里的孩子上小学就要用手机了，如果不用的话就不太好联系他们。年轻人手机也用得多，而且现在很多事情都是用手机联系。以前用短信，现在流量包月可以直接用来打电话。有些年轻人会用百度查资料，上次我哥参加驾照考试的题目就是他女儿帮忙查的，这很有可能是他女儿的同学或朋友教的
信息需求	生活习惯	我们平时很少用手机，这可能跟我们的生活习惯有关，因为平时要忙其他的事情，手机最多就是拿来接电话，因为话费也比较贵，没什么事情我一般不会乱打电话，不过我老婆这个智能手机有六七年了，我们一般就通话、发短信。如今互联网科技发达，很多年轻人都会玩微信，我基本上已经习惯了很多以前的东西，所以也不想摸索这个东西，只有需要的时候才会问别人怎么做

续表

信息实践	影响因素	证据示例（部分）
信息分享	关系信任	我们族的人不跟外面那些人一样，有什么事情都不说，但要有什么好的事情，就会马上告诉大家，不过现在可以上网，还有电视、广播。就算没有这些互联网和智能手机，要获得新的信息或知识时会通过看电视，偶尔会通过去外地，比如去景洪，从那边得知一些新的东西。平时去景洪的次数多，像西双版纳、各个农村去的次数也特别多。我们经常去本族人的家里串门，有时候会喝茶、聊天，有时候会聚在一起喝酒。有时候我们要用车，就直接去我堂弟家借面包车，他以前给了我丈夫一把钥匙，需要的时候就直接去开，平时周边的亲戚朋友需要用车，都会主动找我们家帮忙
信息需求	个体经验 族群认同	从最开始知道可以在网上查询信息也有四五年了，但是我基本上很少用，主要是年轻人在用，平时我都是看他们在用，就逐渐跟上去学习，现在很多年轻人在用，我家小孩也会用。我家小孩才十岁，我平时会控制他玩手机的时间，现在则不给他玩手机了。我平时也就那些事情，所以对手机没有太多需要，因为手机里面的东西跟我们的生活有时候没有太多关系，而且那些事情对我们族的人来说都是遥不可及的
信息获取	个体经验 生活习惯	最开始是我自己先学，到一定年龄的小孩子也有了他们自己的手机，我自己一般也没有什么用处，主要是慢慢习惯了以前的生活，不太想花时间改变现状。而且我觉得要控制小孩子玩手机的时间，有时小孩天天拿着手机，那样会影响学习，现在手机、互联网上不靠谱的东西太多了，小孩子很容易学坏，一旦学坏了到外面上学，我们能管的东西就更少了，这样时间一长就容易出问题。之前村口那家的小孩就是在外面学了坏东西后再也找不到了，而且这些年一直没他的消息，也没见他回来过，问他家里人，说是也没怎么联系过他们，反正不知道发生了什么事情
信息需求	传统习俗 族群认同	以前总觉得小孩的教育不怎么重要，外面也没有我们村里的生活自在，但是现在如果孩子想考大学，我们则只能尽自己所能。他自己能读到哪里我就负担到哪里，如果负担不起就只能让他自己想办法。家里经济困难，有时候也想找一些渠道让他学到更多的知识，但我们并不清楚这样做到底好不好，因为有时候怕管不了他，而且怕他到外面跟着一些人学坏了，至少在家我们是能管得住的

续表

信息 实践	影响 因素	证据示例（部分）
信息 需求	生活 习惯 个体 经验	我们一般在学校的班级群里会收到老师发的放假、补习之类的信息，我和其他同学也在里面，但我很少主动查看这些消息，因而很多时候会错过一些通知，还好有其他同学会告诉我，不然我总是会忘记。老师会在群里面发一些信息，一般发的是补习或暑假课外练习班等内容，这些自己都可以报名。除了这些我不想花时间上网，他们很多人都在网上看视频、打游戏、聊天什么的，但我不会，因为我觉得我们出来读书都很不容易，还是要多花时间学习才行。我先前在学校的时候会偶尔用手机看一些自己想看的视频，但是每次一放假或者中途回村子时，我就很少把手机拿出来用，也不是说怕家里人不高兴，就是回到家以后，大家都没这个习惯，因为你要花更多的时间跟族里的人交流和沟通，而不是埋头看手机，就是自然而然地会这样做
信息 需求	知识 体系 传统 习俗 个体 经验	平时在网上用百度，有时候会找不到。比如养蜂，只能问那些比我有经验的人，有时候找来的东西也不是说完全能用得上，还是要自己思考。很多东西不能只是看，还要自己摸索才能慢慢理解，不可能有一点事就去询问别人，网上的东西其实也需要靠自己去摸索，并且这些东西也不是都有用。一般孩子在上小学期间住校，也只能是周托。没有觉得小孩子长时间出去会缺乏沟通，像每个礼拜我们还是去看一下孩子。平时也是周末才回来，大家都非常忙，还要忙自己的工作，所以基本上没时间做别的事情
信息 获取	个体 经验 生活 习惯 传统 习俗	这对自身来说肯定是一次锻炼，自己经历过的事肯定收获很多。如果自己不思考就去问人家，结果会令人不满意。很多时候都是继承祖辈留下来的东西，这些东西不能说不好，但肯定不能不去利用。生意正是起步的时候，要慢慢地来，外边关系多了可以慢慢地经营。互联网对生活不好的方面肯定也有，比如那些乱七八糟的游戏。平时我讨厌小孩子一天到晚玩游戏。因为我们也没有太多时间管他们，只是偶尔发现小孩子会使用手机玩斗地主，玩其他游戏。孩子爷爷就认为手机不是什么好东西，他说我们有自己的信仰，手机里面的那些东西跟我们的信仰离得太远了，时间长了会把小孩也慢慢带远。所以我发现，在村子里待的时间比较长的人，如果让他们去外面的话，其实是很困难的，因为他必须靠着村子里的人过日子，你要他靠外面的人来过活，是件很难的事情，而且他也不愿意这样做，所以我们这里的人做的事情都差不多，就是简单地过日子、干活，看看电视、聊聊天、喝喝茶、上山找东西（捕猎）

续表

信息实践	影响因素	证据示例（部分）
信息需求	生活习惯 个体经验	现在有了互联网，自己也是有一点变化的。跟外面的世界沟通多了，有些找不到的东西也能在网上找到，比如之前每天都做的家务。现在自己偶尔会看电视，会看一些新鲜的东西，有什么信息自己能用得上的，可以学会之后再使用。现在的生活比以前更丰富多彩一些，但还是没有时间上网，每天有做不完的事情，还要抚养孩子，根本没有太多时间去了解这些东西，有时候也看电视，我发现我很多时候都是在看电视，只要没有其他要做的事情，也不知道为什么，觉得看电视能够打发很多时间，不过大家聚在一起聊天也很有意思
信息需求	知识体系 传统习俗	我有时候想，是不是可以借助互联网上的一些信息来学新知识，我看到村里面有人在学习一些养蜂的知识，而且可以增加收入，但是我又不确定这个到底好不好，毕竟现在村里的人没几个那样做的。我儿子现在很想学习种水果的知识，网上虽然也能够看到一些，但是都不系统全面，也没有很强的操作性。族里以前很少种水果，现有的传统技术都是用来种茶叶的。在未来两三年，我最想做的就是茶叶生意。但是村里的老人经常告诫我们不要相信外面的东西，因为有很多东西都是害人的
信息分享	关系信任	现在我自己做茶叶的规模不够大，平时自己加工之后寄到外省去，在网上可以卖给同学，同学也帮我卖茶叶。有些同学是中专毕业，也有些是大学毕业。今年，在广东那边的销量就有一百多公斤。因为我是农科员，所以跟乡里有联系，随时都可以知道相关信息。全村有七个村小组，每个小组的种植面积都很大。如果有什么问题，他们会发图片给我，有时候没时间去地里亲自查看，就等解决完问题之后再上传相关解决方案。我们不是不信任外面来的人，至少一开始不是这样的，只是在我们这里有很多关于外人不可信的故事和说法，让我们会有些想法，但如果跟他们一起生活一段时间之后，这种看法就会逐渐改变，这需要时间，就像是日久生情，之前我女婿就是这样，刚到我们这里来的时候大家都不怎么看好他，但是几年下来，我们几乎都不把他当外人看了，而且他在族谱上也有了名录，外面的人只要能按照我们这里的规矩做事情，肯定是不会被当作外人看待的

续表

信息实践	影响因素	证据示例（部分）
信息获取	传统习俗 知识体系 关系信任	我觉得自己的控制能力只在中等水平，平时该做事的时候要踏踏实实地做，该休息的时候要好好休息。平常我们割胶就已经相当累了，哪还有时间去玩那些东西，每次割胶一般都要等到温度降下来的凌晨一两点。平时在工作过程当中，也会遇到一些不懂的东西或问题。在种植过程中，如果水稻、玉米这些农作物生病，可以直接问有经验的农民，或是到乡里的农技服务中心进行咨询，也可以上农技网，全国的农技师都在网上答疑，并且很快就有人解答，自己把主页发过去以后，该用什么药十分清楚。我原先很长一段时间都是按照族里的老办法来养猪的，我们会给猪吃芭蕉，但人是很少吃的，去外面采来的芭蕉基本上就是拿来喂猪，老一辈的人都是这样做的，因为猪吃了芭蕉之后能够增加进食量，而且长出来的肉比较紧实，关键是不怎么生病，所以我们很少去买外面的饲料，也不会关心这些东西
信息需求	知识体系 传统习俗 个体经验	我们的生活其实很简单，没有太多复杂的知识，很多东西在小时候就学会了，包括割胶、采茶叶、种粮食、养殖等。我们晚上睡得很早，因为有时候需要半夜起床收割橡胶，所以除了族里有什么节日或者祭祀的话，基本上没有什么娱乐活动，每天晚上基本就是跟家里人聊天或者看会儿电视就睡觉，平时闲下来的时候会聚在一起喝茶，聊最近族里发生的事情，或者上山采药、打野猪。橡胶的相关经验与知识，我们基本上都很了解。对于橡胶的生产，产干胶是按照全国统一的标准，它涉及一个国际性问题，市场波动幅度也不大，它的期货市场和国内市场一样，能涨就涨、能跌就跌，但是这两年跌得十分严重。有时候有人会给我们透露橡胶的价格，但是他们和我们的关系不太好，因为我们不生产干胶，所以我们只把橡胶卖到厂里面加工，因此有时候就直接绕过他们，也不管价格好不好
信息分享	传统习俗 族群认同	销售茶叶的过程中一般都有认识的人，他们是做茶叶生意和开茶庄的。我们都是通过人际交流打听相关信息，但是网上发布的东西都是不真实的，差距很大，所以现在主要还是通过跟人打交道来了解市场的波动情况，也很难靠村里人打听相关消息，因为他们根本不关心茶叶市场，所以我们只能去外面了解情况，外面有我们族的人在做这方面的事情，而且我们经常有联系，不仅仅谈论茶叶的事情

续表

信息实践	影响因素	证据示例（部分）
信息获取	关系 信任 个体 经验	平时用手机上网比较少，主要是用手机打电话找人，很多时候我会主动查询相关资料或者信息，我表哥用百度用得多，他基本上天天都在用，我打电话给他，他就在上面找我想知道的东西。也有没找到的，可能自己的语言和百度上标的字不一样。所以在不知道的情况下，我还得问问其他年轻人知不知道相关情况，虽然他们知道的东西很多，但是很多时候我还是要自己先找，找不到的话再打电话问他们
信息获取	生活 习惯	我记得年轻人最早接触网络大概是在 2016 年。那个时候年轻人刚刚开始使用手机，但是我们觉得费用太高了，也没怎么用，当时我也没有更多的时间去主动跟其他人了解情况。刚开始的时候大家都喜欢了解别人怎么在网上发布信息，但是现在也没什么意义，因为平时没有精力去了解和学习这些知识。我们很多时候都在干活，闲着的时间不多，有时候也想把闲下来的时间拿来学习这些东西，可是基本上没有太多的时间，我儿子告诉我必须学，不然早晚要被社会淘汰，因此很多时候我们有空或休息的时候就打开手机看一下，不过很快就没时间再玩手机了
信息需求	知识 体系 传统 习俗	刚提到的疫苗的事情是通过电视新闻了解到的，我们这里医疗条件不是很好，平时也没怎么关注给小孩子打疫苗的事情，好像听说他在学校里打过，但是具体打的什么东西我也不是很清楚。这件事情在我们这里没有那么受重视，而且我平时也不是很爱关注医疗方面的信息，所以我就说外面的东西不一定就是好的，我们这里虽然没这些东西，但是也不至于去外面搞那些假的东西
信息分享	传统 习俗 生活 习惯 族群 认同	我们平时也会在群里聊天，但是基本上不会谈论外面的东西，主要还是年轻人谈论得比较多，我们一般看他们聊天的内容。有些年轻人喝多了以后会乱发消息，我们会叫他们安静下来，让他们不要乱发消息，毕竟现在很多东西跟我们所认同的文化不一样。我这一代人还可以聚起来聊天，即使没有手机，大家也可以坐在一块儿喝茶。家族活动一定要有，我们也会错开时间参加。在自己家里不可能整天带着手机，但是有些小朋友就不管，吃饭的时候会先拍照，即使吃饭也要弄手机，后来在家里的时候我直接把他们的手机没收了，直到去外面上学时再还给他们

续表

信息实践	影响因素	证据示例（部分）
信息需求	个体经验	我对养蜂不感兴趣，就只做茶叶生意，我觉得还是要集中精力做一件事情，我很小的时候家庭条件不好，族里的老人总是这样教我，不要总是贪多，做好一件事情就够你用很长时间了，这也是我们族里的老人一直告诫大家的，所以我会在平时参考别人是怎么做的，然后把更多人的做法聚在一起，这样我们自己的茶叶就能够做得很好了。很多东西自己做过以后还会去对比，你很快就会发现什么是好的什么是不好的，有这样的积累就会操作得更熟练，但还是需要花时间和精力去慢慢地积累，现在回想起来，这个过程其实还是挺辛苦的
信息分享	个体经验 关系信任	我们村里有人在胶厂工作，他们经常会打电话告诉我一些信息。比如我们将橡胶送到胶厂里，如果它今天的价格是八块五，明天的价格是九块，胶厂里的人会马上发信息给我们，然后我们就会根据这些消息，决定把胶运到哪边。跌价的时候他们也会发信息给我们，我们就能实时掌握这些信息。现在这些信息天天都可以了解到，包括怎么交保险，如汽车保险、摩托车保险等，因为我大姐也做这个，所以她经常给我们推送一些消息，而且会给我们宣传，现在我们已经接触到六十岁以后的保险了
信息需求	生活习惯	我们这里很多年轻人会在网上买东西，例如我儿子刚买的那个美的烧水壶，很多东西我们都在淘宝上买。网上购物是年轻人先用，后来周边的人就跟着用。我不太相信这些东西，听说他们在网上有买到假东西的，所以我不会去买。我基本上是在手机上看新闻，手机也没什么其他作用，主要用来打电话和接电话。年轻人在网上买东西，我们有时候担心会出现各种各样的问题，没看到过这个东西就买，对于我们来说简直是不可思议的事情
信息分享	关系信任	现在很多小孩都会用智能手机了，我觉得他们写作业的时候可能用得上，但是有人跟我说他们有可能去抄网上的作业，我相信我们族的传统不会让小孩做骗人的事情，所以我就让他们使用，他们会分时间点使用，也不像别的小孩一样不会控制。平时我妻子会看我的微信，了解谁给我发消息及消息的内容，然后我念给她听，她平时用手机看视频，其他的也不会用

续表

信息 实践	影响 因素	证据示例（部分）
信息 需求	生活 习惯 关系 信任 族群 认同	我们基本上不怎么用手机，现在一台手机供我们家里四个人用，不过主要还是我丈夫和小孩在用，我们不像年轻人那样一直使用手机，平时也就是用来打电话或者发消息，害怕有什么事情发生了自己却不知道。我的手机大家随时都可以用。我们的开机密码、支付密码都是公开的。如果小孩需要买书本，他们可以自己在网上订，我不可能随时随地陪着他们，我相信他们肯定不会乱来的，毕竟他们也知道现在挣钱不容易
信息 需求	个体 经验 生活 习惯 关系 信任	我们平时种茶叶、在橡胶地干活、采摘茶叶和养鸡。猪经常死，今年死掉八头之后我就不养了，也不知道是外面的原因还是我们这里的原因，感觉跟我们以前养猪时遇到的情况不太一样。今年的玉米收成也不太好，被老鼠和野猪吃掉了很多，水稻是隔一年种一年。现在茶叶市场的波动比较大，尤其是春茶买卖的价格，很多时候我们打听的价格也是会变的。茶叶的价格有时候会涨，有时候会跌，一般是根据经验来判断。外地的老板来报价，自己也不知道会不会被骗，所以一般情况下，大家只能互相信任
信息 获取	个体 经验	我基本上没上过学，对于很多事情也不知道是我们不对还是小孩子不对，但是这么多年的经验告诉我们，一直让小孩子玩手机肯定不行。我虽然没上过学，但是很多东西我基本都懂，茶叶会种也会摘。这些知识我们小时候就学会了，劳动方面的相关知识也会，而且不像现在这些孩子一样觉得难学，很多东西其实都是以前边玩边学会的。虽然现在会炒菜，但都是自己吃自己炒，也不管菜的味道了
信息 分享	族群 认同	外面人说我们族的小孩上学以后考大学，少数民族能加分，或者有少数民族优惠政策，但我不认为这是最关键的，我们还是觉得族里的传统能够一直保留比其他事情都重要，所以我从来不向校长打听加分或者优惠政策。我女儿在学校里发生什么事情都会告诉我，或者告诉她姐姐，但是她很少跟班上的同学和老师提起这些事情
信息 分享	传统 习俗 族群 认同	我们有族规，很多事情在这里都要根据规矩来判断它是不是被我们族群所接受，包括祭祀、庆祝传统节日、婚丧嫁娶等，没有人告诉我们为什么要遵循，因为从很久以前我们的族人就是这样做的，你可以不这样做，但是你会被大家认为是要脱离族群，比如有一次我儿子带他的朋友到我们这里，没有经过族长的允许就进入了后山祠堂，结果他就被禁止参加那一年的祭祀活动，也许你们看来没有什么，但这却是很严重的事情

续表

信息实践	影响因素	证据示例（部分）
信息分享	关系信任	我平时基本上不用手机，主要还是用来打电话，而且跟外面的人联系不多，主要是和女儿聊天，她经常打过来，告诉我她现在的一些情况，我一般有什么事情也会告诉她。她现在教我用视频电话，但基本上都是她打过来，我不太会主动打过去。平时我也不在网上买东西。想买但是不会用，我基本上都是叫女儿帮我买，或者让妹妹帮我买，但是这里收东西不方便，要到乡里去收，而且怕买到假货
信息获取	个体经验族群认同	我想学但是学不来，因为经常都是今天学了，明天又忘记了。手机很少玩儿，即便玩过也很快就忘记了。平时没时间玩，天天劳动。家里人教过但还是忘记怎么用。今后我一定要学会用手机，要是学不会，需要发信息不会发，在生活上很不方便。我经常告诉女儿少接触外面的东西，虽然现在技术都很发达，但是想学坏也很容易，老一辈的经验告诉我们，外面的东西不一定比我们的好
信息需求	生活习惯	看过年轻人玩微信，他们会把茶叶以及农作物放到网上销售，很多人看到就会来买，但是我们平时基本上没时间学这些东西，我到现在都不会用手机查东西。因为我家里没有电视，也不是买不起，就是觉得没必要买，平时劳动回来都是做做家务，在家待不住就去别人家看看电视、聊聊天、喝喝茶
信息需求	知识体系	因为交通的缘故，我们这里平时看医生不方便，生病时需要坐车去特别远的地方诊治，关键是我们也不清楚医生会用什么办法来治疗，因此我们不太能理解他们的一些做法，很多时候我们就用自己的土办法来解决，解决不了的时候才会去医院，其实我们在这里不太容易生病，这可能跟我们的生活环境有关
信息获取	知识体系	目前我只关心我们家的茶叶和橡胶，我从小就从父亲那里学如何把茶叶种好，怎样保存橡胶最安全，不过近期政府组织了相关的技术培训，我听哥哥说那些培训跟我以前学的方法相似，但是他们对茶叶的品种做了相应的改善，所以我打算过几天去乡里看看是不是像我哥哥说的那样

续表

信息实践	影响因素	证据示例（部分）
信息分享	关系信任	我当组长的时候，只种玉米和茶叶，其他的都不种，茶叶种植的面积很小。不过现在大家的主要收入还是来自茶叶出售，但是每年市场的情况不一样，今年可能赚五万元，明年可能只赚两万元，这个价钱是波动的，我一般不太会和别人打交道，我跟广东的那个老板已经合作了将近四年，还是比较信任他的，其他人也找过我，但我不是很相信他们，所以一般不向别人打听茶叶的消息，我们处理问题其实很简单，就是靠信任，不管是在村里还是在外面
信息需求	生活习惯	除了农作物的价格，其他比较重要的事情主要通过看电视上的新闻了解，有时候也听别人说，尤其是大家聊天时会说这些事情。云南省的新闻都是别人发给我看，不发我就不知道，我平时基本上没有看手机的习惯，因为每天都有很多自己要做的事情，关键是自己也不知道怎么找
信息分享	关系信任 生活习惯	平时遇到不懂的问题会问他，他知道的东西太多了，但是他不太和我们交流。好消息告诉我们，坏消息就不告诉我们。姑娘都嫁出去了，只剩我们两人在家，我叫他们过来跟我们一起住，他们却一个都不来。有时候不会用，有时候信息发过来我看不懂，我就问其他人信息的含义，所以最开始的时候是表妹帮我弄的
信息获取	生活习惯 个体经验	我们家不远，就在车站前面一点，学校养猪场那里。学校那边的猪就是我们养的。平时下班以后回家领娃娃睡觉，有时候会洗衣服，之前没有小孩的时候看电视，现在带小孩基本没时间看电视。平常的交流主要是人际交流，有时候朋友不找我，没事的话我是不会主动找他们的，我没什么文化也不识字，所以很多时候我不是特别喜欢跟他们在一起交流，主要是我自己有很多想法跟他们的不太一样
信息分享	族群认同	平时用手机也没做什么，有时候和我姐聊天，有时候和朋友聊天。其实我不是很关心外面发生的事情，毕竟跟这里的情况不太一样，很多时候外面的人也不清楚我们在做什么。我很少跟外面的人一起玩，如果平时在这里遇到不懂的问题就问我们族里的人，他们有会的，我就问他们，不过我在这里朋友不多，很多人已经搬走了，看见有认识的人聊一下，但不怎么在一起玩，因为大家都不是很熟，也就是见面打打招呼。我到现在还觉得我们族的很多东西还是很有道理的，至少从很多事情上能够得到验证，我们从小尊敬长辈这件事情在我看来

续表

信息实践	影响因素	证据示例（部分）
信息分享	族群认同	是很好的传统，到现在我们还是持续遵循这个传统。还有就是对于外面的看法，我们还是更愿意相信本族人说的话，他们觉得外面的东西有不好的地方，我们很多人也这样认为
信息分享	传统习俗	我不知道在网上可以找东西，也没有出去过。平常不会打太多的字，但有些日常的字会打。我老公认识字，但是他平时没时间教我，而且不太想教我，所以平时他不忙的时候，回到家就自己玩手机，而我要忙着带孩子，就更没有时间学了。你当时也看到我们这里的情况了，如果有外人在场，我们则表现得更谨慎，因为大家会担心这个人是不是能够理解和认同我们的习俗，关键是我们这里很少有外人来，所以只要有外人来，大家就觉得很好奇，也会有防备
信息获取	个体经验族群认同	我现在是自己带小孩，如果小孩有什么问题或者我不懂的事情，我就问我婆婆，但很多时候靠的是自己摸索，毕竟是我自己的孩子。有时候孩子生病了，晚上就不能睡觉，我没给她吃药，因为我父母有时候会过来给孩子吃一些族里的草药，他们始终认为族里的草药要比外面卖的药好很多。有时候因为小孩吃多了生病，我老公会请他们族里的人来喂一点药，但是我不怎么相信他们族的药有效，也不太愿意向别人打听这些事情
信息需求	传统习俗生活习惯	我因为不认识字，很多东西都用不了，不认识中文的话，就看不懂说明，手机平时主要用来打电话、接电话，而且我在家里不看手机。（下班）那个时候回去小孩该睡觉了，老人告诉我们小孩子不能玩手机也要少看电视。小孩太调皮了，要看好他。等他睡着了，我洗漱后跟朋友聊一下，也睡了。以前我有一个朋友，茶叶是我们一起栽，现在即便有培训，也没有时间参加，而且培训有时候效果不是很好，有时候就是那些人在那里做做样子，讲的东西也好像跟我们没有太大关系
信息获取	关系信任	我跟我丈夫不是一个族的，所以我发现还是有很多东西不太一样，很多生活习惯都难以融合在一起，而且我们各自信仰的东西也不太一样，有时候遇到很多事情都只能分开来做。我自己有一个手机，他老不让我用。他的电话，我每拿一次，我们两个就要吵架。以前吵架次数很多，当时我的电话打不通，电信卡打不通，移动卡可以打通，他有移动卡，用他的打就会吵架，不可以拿他的电话。现在也一样，他的电话还是不拿给我

续表

信息实践	影响因素	证据示例（部分）
信息分享	关系 信任 族群 认同 生活 习惯	我没有读过书，很多字都不认识，有时候那些字人家会教我，我也记得。以前我姐也这样，很多东西都是我告诉她的，现在有问题只能靠我姐，毕竟很多事情跟我丈夫也讲不清楚，他好像不是很理解我们族的一些东西，我姐是唯一能够帮我解决问题的人。自己和朋友们很少联系，现在有了手机就差不多都会联系。我们基本上没什么事情可干，每天干完活回来就看看电视、带带孩子，而且家里老人身体不好，我除了带孩子，还要花很多时间照看家里的老人。长期以来我们都是与本族人的关系更好，我们这个村基本上都是一个族的人，但是也有一些其他宗亲的族人在我们这里，包括嫁过来的媳妇，或者娶了我们这里女人的女婿，他们在这里得到的认同度刚开始不是很高，因为很多时候他们要花时间来学习和适应我们的风俗，这比其他事情都重要
信息获取	传统 习俗 生活 习惯 知识 体系 族群 认同 个体 经验	我现在也不知道去哪里，可能会去读高中，也很可能跟家里人一起种茶，因为我觉得出去也没有很大意思，外面的东西跟我们这里比起来也不能说就特别好。平时我很喜欢看小说，但是我最近在家都不看课本，很多时间都在看电视剧。家里人经常告诉我该做什么、不该做什么，反正我们从小都是那样学的，也不知道是不是对的。现在到外面上学后，发现很多东西跟村里的情况不太一样，也不是说哪里出了问题，很可能是我们发展的速度太慢，跟不上外面的节奏。在网上找不到的东西，可以问同学、问老师。家里装的宽带，主要是用来看电视。有的用手机，有的用电视。我妈用手机，我爸用电视。他们都不怎么上网，家里没有电脑，在学校的时候，爸妈联系我就打电话，主要是他们都不会上网，我也没有想过去教他们
信息需求	族群 认同 生活 习惯 个体 经验	我平时跟外面的人交流不多，主要是跟我的同学朋友交流。我家里还有个哥哥，他很早就不上学了，上到初中就不读了，我们这里好多都是这样的，基本上都不怎么读书，觉得没什么用，而且赚不到钱，即使年轻人现在会上网，很多时候也是用来打游戏，除了这些，我基本上不知道他们还会用来干什么，族里的老人一直强调要保留我们的本性，尤其是让年轻人学会这些。周围的同学都在用手机，但是在学校里老师说不可以带手机。不过很多时候如果我对某个知识点不是特别清楚，上课的时候问老师，课间就会用手机搜答案，老师也经常告诉我们一些办法，但是又怕我们会了之后上课就不好好学了，所以也不会完全说。我知道我们周围的很多人都开始变了，但是变得没那么快，毕竟他们都是在这里长大的

续表

信息实践	影响因素	证据示例（部分）
信息需求	生活习惯 个体经验	我现在看电视的时间比较多，基本上没事就看电视，也不知道自己能做什么，但我不太想去外面，虽然很多年轻人都去外面了，但也不是说外面的东西就是最好的，这可能让我觉得有点乱。将来的打算也不是很清楚，但是我想当兵，我觉得当兵不错，但为什么觉得好我也不知道。主要是在电视里看到很多当兵的故事，不过具体不知道要做哪些准备，就是觉得在电视里看特种兵什么的，就非常羡慕他们。现在开始慢慢地做一些准备，比如从村主任那了解国家目前征兵的政策
信息获取	知识体系 生活习惯 传统习俗 族群认同	除了和学习有关的，和生活有关的信息也找过。比如上次我朋友长痘痘，她让我搜，搜到了那个叫什么病，她就十分害怕，然后我们一起找老师到医院看，医生却说没什么事。像这种情况，我还是想问下族里的老人，看要怎么处理，好像医生现在也害怕担责任，很多事情他们也不是那么肯定。村子里没出去过的老一辈人，他们的观念和我们的观念差别很大，因为他们只去过基诺乡，甚至没去过景洪。平时几乎都是学习，父母在学习上管得严，他觉得你现在就该学习，不应该玩其他的东西
信息需求	关系 信任 传统习俗 族群认同	好几次朋友都说想去韩国，其实他们也不知道韩国有什么东西，因为他们以前只是追星、看韩剧，所以都是因为看电视才想去韩国。我现在才发现网络对我们村的一些孩子影响不好，妨碍了他们学习。我们平时没空管孩子，所以他们就不会控制自己，有的玩游戏，除了在学校玩在家也玩，而且很多年纪大的孩子还带着小的一起玩，因为他们很少回来，我们担心他们在学校也是这个样子
信息需求	个体经验 生活习惯	我在网上买过东西，买到的东西和我想象中的差不多，我也给家里买过东西。我妈想学网上购物，但她不会买。她知道怎么操作，但不知道怎么挑选。妈妈平时也会用网络，但不会用微信，只在手机上看视频，也不用来做其他的事情，他们都不上网
信息分享	关系 信任	我们不怎么识字，因为都没怎么读过书（上过学），也不会自己想办法，遇到问题一般都是直接找老板。因为这些茶叶都是那些老板在收，然后老板说什么就做什么。假如老板把茶叶价格压得很低，我们就不卖给老板，但一般情况下我们还是很信任帮我们联系茶厂的这些老板的，尽管有时大家也有一些争议，但毕竟合作的时间长了，总还是会讲诚信的，如果连这点要求都没有的话，那很多事情都没法

续表

信息实践	影响因素	证据示例（部分）
信息分享	关系信任	谈了。我跟外面的人关系还不错，但真正值得信任的人不多，因为我不知道他们的底细，不像村里的人，天天都见得到
信息需求	生活习惯 族群认同 个体经验	家里还有个妹妹，要上初二（初中二年级）了。她说读完初中就去读职业学校，还说想学舞蹈。她在电视上看到别人跳舞，就自己跟着跳。以后我想当老师，想回到村里办一个幼儿园，教村里的小朋友。我去过学校的图书馆，但是没有查过资料，很多时候是去图书馆看小说。图书馆小说多，没有查过数据库。老师没有教过，也没有专门的课程介绍这些数据库。平时就觉得百度好用，我打算教我爸爸妈妈用。他们平时一般做农活、采茶、割橡胶，但是今年的橡胶不割，因为价格不好。一开始知道微信是跟别人学的，现在和别人沟通可以用微信。平时没有特别重要的事情，就用微信聊天，就算离得比较远，也能够沟通
信息获取	传统习俗 生活习惯	整个村子里的人都是亲戚，大家聚在一起经常闲聊，村子里跟父母同辈的、同龄的人，有些不太喜欢上网是因为他们学不会或者没人教。还有些年纪大的不想学，我觉得这样子不好，还是要更多地接触网络。我爸妈说家里没必要开通网络，又没什么人用，我们平时就看看电视，而且有什么事情可以用手机，总之他们觉得网费太贵、费钱，也没什么用。我有时候和妹妹跟他们说上网的事，但是他们不同意，反正跟他们没法沟通
信息获取	关系信任 个体经验 生活习惯 传统习俗	村里有人会用网络查找东西，如果我遇到不会的事情，或者找不到的话就试着问其他人，除了特别难找的，一般都能找到，比如种植水果与茶叶的信息都有。种植杧果、茶叶以及之后怎么管理的相关知识在百度上都有，杧果生虫了怎么防治，在百度上也能找到。家里虽然装了宽带，但主要还是用来看电视，可能年轻人会用来上网，网络基本每家都有，所以现在就不用交数码电视的钱了，只需要交宽带的钱。我一般从百度上找自己不知道的东西，上面的信息基本上都是对的，比如养蜂，在百度上看人家是怎么养的，然后自己去实践
信息获取	知识体系 生活习惯	我连小学都没上完，那个时候觉得读书没什么用，而且上学太麻烦，路也不好走，每次回家都要花很长时间，而且我觉得去外面打工的那些人也不是很喜欢我们族的人，所以那个时候我的很多知识都是靠族里的人手把手教的。我们不太喜欢看书，因为不识字，所以基本上看不懂，也没有钱买书，想接触书本还是很难的，我们主要从电视上看一些教学视频，那个比较容易懂，不是特别难

续表

信息实践	影响因素	证据示例（部分）
信息分享	族群认同 个体经验 知识体系	我们也不是完全不跟外面的人打交道，基本上遇到问题时，比如养殖种植的问题，或者很多时候自己解决不了的问题，还是会主动询问其他人，除了问自己村里的人，还会问乡里那些技术员，反正就是通过族里的人际关系去找外面的人来帮忙，毕竟我们族的人并非全部在村子里，也有在乡镇工作的，而且我认为人与人之间的交流比起其他方式更容易解决问题。最开始看到年轻人使用网络时，才知道这个东西。我是这样想的，年轻人能玩的东西我们也能玩，所以我就去学了。当初在学这些东西之前就认为这能给生活带来一定的变化。在没接触网络之前，比如说卖茶叶在以前是很难的，但是用了网络之后，我在微信里发一下，很多人会关注我，能够把自己的产品推销出去。最开始是老板，老板会定价格。除此之外还有茶叶加工培训，培训一般由政府组织，他们免费到村子里培训
信息需求	传统习俗 知识体系 族群认同	我们一般不会看汉族的医生，因为我们很少生病，即便生病了也有自己的办法来解决这些问题，我们有自己的草药，从祖辈开始，这些就被证明是有用的。前些年政府在推广优生优育政策，那些如何控制生孩子的事情对我们来说很荒唐。变化最明显的肯定都是年轻人
信息获取	生活习惯 个体经验	我看到年轻人在利用网络做一些事情，不管是推销自己的产品，还是做其他事情，都是通过手机。有时候也觉得这样不错，但是我们基本上没有这么多时间来学，而且很多时候不知道效果怎么样，所以平时也没有这方面的事情要做。我觉得网络在预报天气变化方面不是很准确，感觉很多时候有点乱，所以我们还是根据自己的经验来判断，但是有些时候又比较准，后来我们就把这两个东西结合在一起来考虑。我们这里的网络信号在天气剧烈变化时很不稳定，有时我们去地里劳动，发现手机的网络信号是不稳的，基本上只有几个地方有信号，很多地方没有信号。所以我觉得网络要每个地方都有才好，不过平时我们还是没时间用

续表

信息实践	影响因素	证据示例（部分）
信息分享	传统习俗 个体经验 关系 信任 生活习惯	村里种植了茶叶和橡胶，还有杧果，或者在山上收菌子。菌子会卖出去，有名贵的菌子，一般都是红菌子，奶浆菌很多，也有松菌、牛肝菌，基本上都是老板来收，价格一般都是市场价，由老板来定，老板说多少就是多少。橡胶的价格很稳定，没太大波动，一般都是他们说多少就是多少。我以前从来没想过网上开店，因为那个东西不适合我，但是我哥跟我说过，自产自销，买方买得便宜，自己挣得也多，如果能形成规模就更好了，这样的话就没有老板赚差价，所以要是做起来还是比较好的，不过我现在没闲钱，关键是没时间。我哥去参加过乡里开淘宝店的培训，而且准备去做，但是到现在还没有真正运作，关键是很多时候这些东西听起来不错，但效果可能没有想的那么好。有人倒是开了淘宝店，但是外界他熟悉的人不多，关注的人很少。村子里有些人是不会用智能手机的，他们可能想用，但是不会用，也懒得学了，比如刚才我们去问的那一家就不会用。他们年纪比我小，不是不想用，是不会也不愿意去学。我觉得那些年纪和我相差不大的人，只要去学就能学会。通过网络能够学到比以前更多有用的东西
信息需求	个体经验 生活习惯	种植水果的知识是我更想学的，虽然我现在也种，但是管理没有跟上，而且实地考察效果更好，比如他们种植水果的基地，实地学习可能更好。实地学习之后，不懂的地方再用手机查找就更方便了。平时看电视，一般是看些种植方面的节目，晚上没事的时候会打开电视看一下，主要还是看电视剧或者农业频道，有时候看到别人养殖也不知道我们可不可以养，但只是看看，后面也没有花太多的时间和精力去具体关注了。以前家里没有网络的时候就干农活，回家一般是看电视，以前我爱运动，爱玩球或者用弹弓打鸟
信息获取	关系 信任	网络上查到的有些资料信息在运用过程中和实际情况不一样。虽然在网络上学到了一点技术，但实际上做起来还是不同，在这个过程中还是要慢慢摸索，有时候传统的技术还会用到。我的蜂蜜有些是在网上卖，有些是老板自己来挑选。有些不太相信我们的老板会自己来挑选，一些接触得比较多的老板会比较信任我们，就直接给他寄过去，在这种情况下我们就更愿意合作，主要是觉得大家能够互相信任

信息实践	影响因素	证据示例（部分）
信息获取	个体经验	我觉得从书本上与网络上搜索到的结果差不多，有时候基本上是一样的，我感觉书本上讲得更清楚。对于管理方面的技术，有些是很难找到答案的，第一次找不到时，再找第二次。比如养猪的时候，猪生病了怎么防治，水果生虫了怎么防治，虽然知道了答案，但在配药方面仍然搞不懂，遇到这种情况时我会问兽医或者技术员。我自己心里会有预期，然后据此挑选想要的答案。有些答案不可能一次性找到，要慢慢摸索，实在找不到就问技术员。上网之后接触的东西会更多，但也更复杂，所以还是学习多一些好，但是也要看是什么事情，也不是什么事情都可以在网上解决
信息分享	族群认同 生活习惯	我发现这里的生活方式跟以前相比没有太大变化，大家还是比较封闭，因为不清楚外面的情况，也不认识什么人，很少跟外面的人打交道，基本上是在家做自己的事情。外面的人说话，我们大部分人都听不懂，也不会说他们的话。很多跟日常生活相关的信息，我也看不懂，所以很多时候大家除了做跟以前一样的事情，也不知道该怎么办，不知道能够做什么，也不知道要做什么，不愿意想变化的东西，可能这跟族里的一些传统有关。现在的年轻人都用手机。吃饭拿着手机，睡觉也拿着手机，老年人一般没有多大变化，因为他们十分认同自己坚持的东西，而且这些东西一旦改变就会让他们觉得自己的东西在慢慢地消失。刚开始我跟他们一样，但后来我开始慢慢想办法解决一些简单的问题。我在餐馆打工的时候什么都不懂，现在看电视也关注一些能学到东西的节目，然后运用到生活中，虽然不会立刻见效，但是也没有这么难。原来的时候如果生病了，我们还是用过去的那套方法和经验，但现在觉得这些东西似乎不太管用，所以就不用了。我现在遇到问题时不会像刚来的时候那样被动地绕开它，而是会主动想办法解决，即使解决不了也没关系
信息获取	个体经验 生活习惯	其实没有太多技巧，就是琢磨的时间长了，自然而然地会按照这个办法去做，关键要看你会不会花时间想这些东西。所以有时候我还是会隐隐约约觉得族里原来的那些东西对我现在的生活有很大的影响，而且我发现我们族里出来的那些人也都是这样，但不知道这样到底是好还是不好，比如外面的人说我们这里的孩子如果一直这样是学不到东西的，但是我们族里的老人却认为学好自己的东西就行了，

续表

信息实践	影响因素	证据示例（部分）
信息获取	个体经验生活习惯	外面那些东西学多了早晚会出问题，就像最近几年去外面打工的年轻人一样，基本上没有几个是学好的，全都跟外面的人学坏了，后来还回到村子里骗大家
信息获取	个体经验	有了网络之后，大家的生活方式和之前相差不大，但现在村里有什么事情会在手机上通知。我最近学会了用智能手机，开始不想用是因为不会打字。后来发现必须得学会用，因为能做很多事情，其实只要会打字，我发现可以从网上查到很多想要的东西。我妹妹告诉我在网上买一些东西比在商店买便宜很多，尤其是小孩的玩具，现在家里很多东西都是从网上买的，不过也买到很多假的东西，就因为这个大家现在也不太相信网上的东西，尤其是从网上买东西，毕竟很多东西只能看个图片或者大概的样子，但实际到手之后跟图片的差别却很大，这些东西再仔细看也没用，只能是买到之后才能找出问题，不过后来也有人告诉我说买之前先看看其他人的评论，我后来也试着做了，但是发现有些东西还是没用，因为有些评论完全是假的，所以族里的老人都说，还是不碰那些东西好，因为你自己也不知道那些东西是不是真的
信息需求信息获取	知识体系个体经验关系信任	最开始知道上网是看别人用，跟着人家学，然后在手机上看看，慢慢就学会了。2009 年我三十多岁，看见比自己年轻的人都在玩手机，觉得用着挺方便的，就跟着学习。而现在，用手机可以做很多事情，比如做茶叶生意、卖蜂蜜之类的，我现在都用手机卖。别人发个地址给我，我就直接把我家的蜂蜜寄给他，他用手机转账给我。跟外面的人打交道其实还要小心一些，因为你也不知道他们的情况，这不是说他们都是骗子，但至少你很难信任他们，关键是他们也不知道你的想法是什么。我现在回想起来发现，网上的那些东西虽然也有用，但是很多细节没有说清楚，比如我们这里的海拔比较高，而且其他品种的蜂群和一些特殊的虫子都会对蜜蜂造成很大的影响，刚开始我不知道，就按照网上说的来，结果死了很多蜜蜂，后来我去跟族里的老人说起这个事情，他说让我去后山找找看有没有可能在蜂箱周围种一些让那种虫子不喜欢的植物，或者建议我把蜂箱从开阔地转移到密林中去，后来我按照族里老人说的去做，果然还是有效果的，不过我现在还要继续琢磨这件事情

续表

信息实践	影响因素	证据示例（部分）
信息获取	生活习惯 个体经验 知识体系	平时跟亲戚朋友的联系很少，除非有什么事情他们才会主动联系我，我也是在有事情的时候才联系他们，平时用手机聊天的情况比较少，面对面聊天的时候更多。就是晚上回去看一下电视，然后就是休息的时候，因为凌晨三四点就要起来割胶，只有中午回来休息一下。在网上看到我们这边野生的一些树，尤其是树的叶子，是很好的猪饲料，还有许多菜要怎么吃也是通过上网了解的。老公会用手机上网，但他很少上，觉得很忙，没时间，因为每天要干活、带小孩，自己的时间也不多。还是应该学一点。我现在就是没有方向感，不知道要学什么，所以就没有打算。与之前没用的时候相比，网购肯定要更省钱，现在用网络花了很多钱，就是学会上网买东西了。但一些实际应用的东西好像都没学到，想通过网络了解外面更多的信息。我平时很少看新闻，手机上关注的那些小视频也很少看，主要是看一些电视剧
信息获取	个体经验 生活习惯 知识体系	没想过用手机、互联网去学一些新的东西。家里现在主要还是种茶叶，村子里组织培训来教我们怎么去种、去养，但是现在很少有培训了，不过我觉得那些培训也不是很有用，因为他们讲的东西有点难，而且跟我们理解的不太一样，我还是喜欢用我们自己的方法，这可能是因为他们对我们族的一些传统的东西不是特别了解，就算我们告诉他们，他们也会觉得难以理解，比如我们很多时候都要人工除草除虫，他们却觉得用除草剂和杀虫剂完全没有什么影响，而且在剂量上可以控制，但在我们看来，这是绝对不可以的事情，因为不符合茶叶自然生长的规律

附录 C

云南人口较少民族圆周生活下信息搜寻的分类编码

族群内部信息搜寻的证据示例

传统习俗

#P006："有时我们的需求很可能不按照族外人的理解方式来表达，原因是族里存在一些习俗和传统，即便是把我们的意思表达出来以后，外族人也不知道真实的意思，而且很多时候要跟我们的传统习俗联系起来，例如我们喜欢吃田螺，由于田螺意为'断交'，所以不会与族外人分享田螺，若与外族人分享田螺，则意味着此人与我家再无联系，且再无交情。"

#P014："族规是我们通过长时间的族群生活所积累起来的行动准则，例如我们的族规规定族人要根据传统习俗开展日常活动，所以很多时候我们不像外面的人那样有很多办法来解决日常生活中遇到的问题，唯一的办法就是向族群中的年长者或族长寻求帮助，但是一般我们不会直接获得答案，尽管这样，我们却认为这是最好的途径。"

#P022："我们修建房屋也有自己的习俗，例如每家每户都会修建房子，房子建好了，全村亲友都会来贺新房，这个时候主人需要请本族的歌手来唱贺新房调，但是这些歌手一般都不好找，尤其是随着生活的改善，越来越多砖混结构的住房逐步代替了土木结构的住房，以前几乎每个村子都有一位歌手，但是现在却需要向隔壁村或者隔壁乡镇打听消息。"

#P025："在离家不远的地方一般会盖一座小竹楼，用作存放物资的仓库，当小竹楼修建完成后，需要装饰上本族的特色装饰品，但这些装饰品不是由房屋主人制作的，而是需要请族里年长的老人制作，且要根据房屋主人家的家族谱系选择装饰品悬挂的位置。"

#P040："族人对某些信息的理解跟族外人的理解存在差异，因为我们长时间都是按照这样的习俗和方式来理解的，如在野外吃的午饭中不能包腌菜，因为布朗语

传统习俗

中'腌菜'与'扑空'音同，又如当夜里做了不吉利的梦时，意味着不能出猎，否则就会受伤。"

#P029："很多时候，族里村寨的选址需要通过占卜确定具体的位置，其实这有点类似于汉族的'看风水'，族里按传统一般会把村寨建在广阔、林木茂密的半山腰上，并举行一种叫'乖脱'的建寨仪式。首先由族长向山神祈祷；其次由族里的人用茅草连成草绳，圈出建寨的范围；再次在围出的地块中间栽上几棵象征寨心神的木桩，将白线绕在木桩上围成网状；最后由族长围着木桩念经、滴水，祭祀各种神灵，祈求吉祥平安。"

#P042："族里的传统文化反映了族人的崇拜内容，因为族里存在很多崇拜类型，如自然崇拜、图腾崇拜、祖先崇拜等。其中，布朗族传统美术的内容较少，美术表达的大多是宗教内容。族里的人会用木料雕刻成日常生活中常见的花鸟鱼虫作为某种图腾，也会在服饰上绣芝麻花、葫芦藤之类的图案以示祈福，而且很多时候会在肌肤上刺染上龙、蛇、禽、兽之类的图案以克制某种邪魔，即便是刚出生不久的小孩也会被刺染。"

#P045："当佛教传入后，我们族里的一些艺人会选择在布幅上画图像以描绘佛经中的某个故事情节，用来作为赕佛礼品，表示对佛祖的虔诚。不过这是后来才形成的习俗，现在会这项手艺的人不多了。在节庆期间，这些赕佛礼品的需求会比较大。族里的人经常在情人的门楣或梁柱上镶嵌图案祈求平安，族中老人也觉得在器皿上饰些图案有时候能够表现出家族的富裕与和睦等。"

#P027："我们有族规，很多事情在我们这里都要根据规矩来判断它是不是被我们族群所接受，包括祭祀、庆祝传统节日、婚丧嫁娶等，比如每年的祭祀活动，我们只能从族长那里查阅族谱和族规来确定今年的活动需要做哪些准备，这些事情是不可以问其他人的，也没有人告诉我们为什么要遵循这些规矩，你可以不这样做，但会被大家认为你想脱离族群，就像我很小的时候就被告知祭祀活动期间任何娱乐活动都是被禁止的，这个时候即便是看电视也不行，更不允许年轻人在活动期间玩手机或谈论跟祭祀活动不相关的话题。"

#P051："在日常生活中需要根据族里的传统习俗来理解和判断一些信息。例如我们族里的猎人在每次出猎前都要占卜，然后再根据占卜的结果决定当日是否出猎，如果结果不好，我们就会换个时间再进行；有时候即便已经出行了，如果猎人在出猎途中遇见一些不愉快的事，包括遇见别人在道路上吵架或遇见蛇横穿过道路，那么他们也会毫不犹豫地返回村里休息或者干田地里的农活，所以很多时候，我们要根据传统来理解一些十分特殊的信息。"

#P004："根据我们的服饰可以分辨出未婚、已婚和老人，从小族人就要学会唱歌，因为族里的老人说若不会唱歌就难以成家，歌目的范围是族里的歌，不是族外的流行歌曲，有些时候，族人能够通过情歌对唱私订终身，很多时候歌词能够反映我们的传统文化，包括一些日常生活道理。"

续表

传统习俗

#P013："我们一般不会看汉族医生，因为他们的很多治疗方式和技术都跟我们传统的理念和知识相违背，比如前些年政府推广优生优育政策时，鼓励我们在生育之前服用一些药物，并按时做相关的检查，在我们看来生育是自然的过程，不需要人为控制和干涉，那些如何控制生孩子的事情对于我们来说，简直就是荒唐的事情。我们对于生育孩子有自己的一套办法，从我们的祖辈开始这些办法就被证明是有用的。"

#P030："布朗族的每个寨子都有一个寨心神，布朗语称'再曼'，是管理村社成员一切吉凶祸福的神灵，是神圣不可侵犯的，村里的很多事情都要由寨心神来决定，所以很多时候，在外界看来合理的事情，在我们这里就会被认为是冒犯了寨心神，尤其是借助族群外部的东西来解释族群内部的事情，甚至村寨头人'召曼'的罢免也由寨心神来决定，如果猪、鸡闯入寨心神，则认为现任'召曼'不能继续任职，须重新选举，然后再由寨心神来决定是否可以任职。"

#P008："我们有自己的茶叶制作和保存方法，不像汉族人，专门给茶叶做一些金属或者陶瓷罐子，每年我们的姑娘们采下春茶后，制成散茶，又叫'大叶子茶'，然后把粗竹子砍成一个个竹节筒，将新采摘的茶叶炒熟，趁热装进竹筒塞紧，用芦叶密封好，用藤条扎紧，放在火塘边烘烤，去掉水汽，待竹节表皮烤焦，就制成了竹筒茶，储存数年也不会变味。"

生活方式

#P033："其实我们平时要遵循族里的一些习惯，到现在都还这样做，如我们尊老爱幼的传统习惯，家里有老人的，老人们有时跟全家人同桌吃饭，有时则另外摆一小桌单独吃。若是大家同桌吃饭，儿女们要把相对好的饭菜摆在老人面前，每样菜必须等老人先品尝一口后，其他人才能跟着夹菜，在这样的气氛中，即便只是粗茶淡饭，大家也会吃得津津有味。"

#P027："在我们这里，已分家的子女，每逢节日都要给父母做些好饭菜送去，或是请老人到自己家中就餐，平时外出劳动获得好吃的东西或是家里杀猪、杀鸡也不忘给父母送一份。除了这些，还有一些也是我们习以为常的，例如在布朗族人看来，不会纺线织布的女人不算好女人，这样的女人是嫁不出去的，即便嫁出去也不会嫁个好婆家。在我们这里，流传着这样一句俗语，'家中无米男人羞，家人无衣羞女人'，现在连小孩子都知道。"

#P010："之前有专家到我们这里教我们种茶叶，他虽然知道一些重要的技术，但是我觉得他不懂我们这里茶叶种植的特殊性，而且讲的内容太复杂，最重要的是他不理解我们这里种植茶叶的文化和传统，他们的很多技术跟我们的很多传统知识都是相矛盾的，从祖辈传下来的知识和经验告诉我们茶叶的种植要讲究自然生长，包括我爷爷、爸爸，都是人工除草，那样更符合自然规律，这样种出来的茶叶才具有天然的茶香。我儿子上到初中就回家跟我一起种茶，我现在教我儿子的也一样，

续表

生活方式

这些知识和理念都是从我爷爷和爸爸那里学来的，那个时候我没上过学，我们族很多像我这个年纪的人都没怎么上学，因此我们跟着父辈们一起去山上干活，他们手把手地教，我们就边看边学，就这样学会了，而且也简单，没有专家讲的这么复杂。"

#P037："族里的男孩从小跟随父辈们学习狩猎，因为没有理论知识，需要实际操练，所以狩猎的知识不会从书本上学。这种学习方式如同肉食动物带着小动物捕猎一样，须小孩自己实际操练。狩猎的要领，首先要学会找准野兽经常通过的林间小道；其次在小道上挖一个深坑，用树枝、干草掩盖，再在坑上安置机关与绳套；最后绳的另一端拴在压弯的树枝上，当动物踩着机关与绳套时，连接绳套另一端的弯树枝立刻往上弹起，猛地把绳套拉紧收缩，紧紧套住动物的肢体，动物若挣扎便陷入暗坑内动弹不得，最终成为捕获的猎物。之前，族里的老人很反对孩子上汉族学校，认为在族外的学校会学一些杂乱的知识，没有实际用处，不如跟着族里的长辈们慢慢学一些流传着的、被称作'好东西'的知识。"

#P028："我觉得我们现在的生活方式很简单，也不需要改变，反而是你们城里人的生活方式太复杂。我们很多时候，晚上睡得很早，因为有时候半夜或者凌晨就要起来收割橡胶，所以除了族里有什么节日庆祝或者祭祀活动，平时基本上没有什么其他的娱乐活动，每天晚上就是跟家里人聊聊天或者看会儿电视就睡觉了，白天干活闲下来的时候会跟族里的人聚在一起喝喝茶，聊聊最近族里发生的事情，或者去山上采点药、打野猪等，长期以来就是这个样子的，所以我们很难关注外面发生的事情，也没有时间和精力去打听这些事情。"

#P035："如果外族人留在我们这里时间久了，就会发现族里的生活方式其实比较简单和朴素，而且很多时候都遵循自然法则。例如，我们族里的人经常到山林里采集各种可食用的野果、野菜、野花、竹笋及菌类，而且会根据季节的变化来采摘不同的食物，其中四季可采的芭蕉花，是我们经常食用的东西。竹笋春秋两季采集，通过不同的方法可以加工成不同的食用菌，此外还有鸡枞、木耳和蘑菇等野生菌，这些是我们日常生活中特别受欢迎的食用菌。"

族群认同

#P045："我们自古就受到茶树的恩泽，因此形成了丰富多彩的茶文化，外人很多时候不理解我们为什么可以把茶文化发展得如此丰富，甚至一些外人觉得我们把茶文化做得太极端了，但是自己的族人却不那样认为，我们认为茶文化是布朗族通过民族认同所形成的，我们把对茶的情感灌注在茶歌、茶舞中，还形成了具有浓郁的民族风情的茶艺茶道，其中竹筒茶、糊米茶、明子茶、竹筒蜂蜜茶最让人叫绝，我们的族人因爱茶而敬茶，视茶为圣洁之物，因敬茶而祭茶，每年都要祭拜茶祖，因识茶而用茶，以茶入药，食茶驱邪。总之，布朗族人无论是起房盖屋、婚丧嫁娶，还是走亲访友都离不开茶。"

续表

族群认同

#P031："我们村是一个大家族，很多时候族人就是亲戚。我们这里很少有外人来，也很少有人外出，前几年有几个年轻人去外面打工，很长时间都没有他们的消息，后来听族里人说他们参与了边境的贩毒活动被抓起来了，反正很长时间我们都觉得外面的社会很复杂也很危险。虽然我们的物质生活没有外面好，但是这里的生活很单纯也很平静。平时我基本上只跟自己家里人联系，前些年也有一些外面的人想在我们这里投资建茶厂，但是族长和其他年长的人都坚决反对，认为他们的进入会让我们的传统丧失，总之外面的事情我们村主任会去处理，如果有什么问题我们会通过村主任跟外面联系，因此我们平时很少直接联系外面的人。"

#P040："有时候我们不太喜欢跟外面的人打交道，因为他们对于我们遵循的一些规则不是特别理解，例如婚姻嫁娶、节日喜庆和贺新房等场合会用传统的喜乐，但是当我们控诉自然灾害的无情困扰、哀悼死去的亲人时，就会用一些悲伤的情调来表达，很多外面的人不清楚我们的传统，不明白为什么要在这些事情上花这么多时间和精力，我们经常教小孩唱一些本族的歌，歌词很多时候都反映了祖辈对生活的理解以及对族群的情感，这些是很难用语言来表达的，尤其是在特定的场合中这一点会更突出。"

#P041："对族里的规则我们很多时候都心存敬畏，但是外面的人不理解我们对族规的敬畏，例如外面的人不是特别理解在村寨不远的地方建有凉亭，有些建在路边，有些建在桥上，亭内置有长凳，以供行人乘凉，外村的客人进寨时，必须在这些凉亭里休息一下，顺便整理一下装束，以表示对我们族人的尊敬，我们之前也跟外族人说过这些事情，而且他们刚开始也能理解，但是真要做起来还是很难的，毕竟他们没有长时间接触这些东西。"

#P039："我们闲下来时会经常聚在一起聊天，但是如果有外族人在旁边，我们就会换一个地方或者干脆到家里说，因为我们都认为外族人不理解我们的习俗，当我们谈论一些他们无法理解的事情时，他们会觉得我们族的人都很奇怪，例如有一次邻近村落的汉族妇女来她亲戚家做客，我们没把她当外人看待，但当她听到我们给刚出生不久的孩子刺染（文身）上蛇的图案时，她就赶紧找借口离开了，所以后来有外族人在场时，我们一般不会讨论本族的事情，或者避开他们再讨论。"

跨越族群信息搜寻的证据示例（部分）

公共信息

#P045："我们村里没有学校，所以我们的小孩都必须到离村子很远的乡镇上学，村里的很多孩子，包括我们自己的孩子，一般都是一个月左右回来一次，平时孩子的学习生活情况我们也不是很清楚。虽然现在跟孩子联系的次数多了，但还是不太放心，后来听村里的老人说隔壁村的汉族妇女们会经常向孩子的班主任了解孩子上学的情况，于是近年来，大家也开始通过自己的途径和办法来了解孩子在学校的情况。当得知我侄女的同学在乡里的小学教书时，我就主动请侄女帮忙介绍她同学给我认识，然后我就试着向她打听孩子在学校的一些情况。"

#P019："我们生活在这里，长时间面临着交通不便的情况，经常搭乘别人的便车到乡里去，有时候还需要他们帮忙，在放学时把孩子接回来，所以很多时候我们要通过族里的人跟乡镇里有车的人打听他们的出行时间，好让提早做准备，还要提前了解有没有其他人也跟他们联系过，尽可能避免大家都集中到一辆车上。"

#P022："我们很多东西都是自给自足的，但是有些东西需要到外面购买，而且我们会把剩余的产品出售到外面去，每当要出售自己的农牧产品时，首先会通过村落中认识外部联络商的人跟村落外面的商人进行沟通和协商，然后再由外面的商人统一提供物流进入村落来收购他们的产品，不过我们村由于发展比较落后，没有出入村落的公路，很多时候只能依靠牲口驮运到附近有公路的村子集中储存。一些很难形成规模效应的小宗物资，则需要我们自己想办法运送出去进行出售，这个时候就需要我们自己跟外面联系，刚开始是通过村子介绍给乡镇里面的人，但是后来这些资源慢慢变少，我们就只能互相帮忙打听，然后要经常到乡里找人，有时候还要通过乡里的人去联系县里的人，总之需要找很多人才能找到能够买我们东西的商人。每年这件事都不容易做到，因为这些人总是变来变去的，也没有太多固定的人，而且即便人固定了，价格也会有比较大的变动。"

#P035："我们主要靠种植茶叶来维持生计，5 年前，我们的茶叶主要还是依靠村主任跟外界联系或者政府提供的其他渠道来销售，但是最近几年茶叶市场发生了巨大的变化，以往那种统一销售的茶叶价格有时候会使我们亏损很多，于是村里的一些人开始不再依靠当地政府，而是主动联系外地的茶商了解当前茶叶市场的行情，从而得到最优的茶叶销售价格，例如我舅舅家前些年通过自己联系的广州茶商，将古树茶卖到三千元一公斤，这对于我们来说是难以想象的，后来通过他的介绍，我们家也联系到一家福建茶商，不过每年茶叶的价格波动很大，这就需要我们不断寻求最优的茶商。"

重要信息

#P013："我们族的信仰和传统，都强调妇女的自然生育，即便这些年政府一再强调优生优育的重要性，也改变不了我们的看法，但存在一些非常特殊的情况，如我哥哥都快 40 岁了，家里一直没有孩子，后来有一次省里的专家到乡里来给大家做检查，当时我哥跟我嫂子因为要去乡里买种子，就问我要不要去看那位医生，我

续表

重要信息

当时就劝他们还是不要去了，这样会让其他族人看不起我们的，但是他们考虑了一整晚，第二天就跟那位医生要了联系方式。后来我哥跟我嫂子就瞒着我爸妈去省城找到那位医生并接受治疗，过了几个月，他们俩回来以后还不断地联系那位医生，还悄悄地吃着医生给他们开的药，第二年，我嫂子就怀上了孩子，不过这件事情我哥一直没敢告诉我爸妈，他也不让我跟其他人提起，不然族里的人肯定会认为这个孩子不是我哥跟我嫂子的。"

#P022："我们族的人很少跟外族人通婚，有一次我弟弟在外面打工认识了一个哈尼族女孩，两人发展得也挺好，后来他因为腿摔断了需要回村子里休养，其间，他总想着跟那个女孩子联系，但是我爸妈一直不准，说我奶奶肯定是不同意的，不过他后来还是悄悄地背着家里人跟那个女孩子联系，不知道后来结果怎么样了。"

#P037："近年来，由于茶叶的价格上涨，村里人的收入不断提高，加上原先老旧的住宅由于年久失修存在安全隐患，于是他们开始扩建或者重建自己的住宅，因为我们基诺族的房屋建筑风格和结构比较特殊，所以我们的房屋修建都由本族人中专门的师傅来建造，但是政府的一些政策法规对我们的建筑标准提出了新的要求，因为本族人中传统的师傅难以按照新的要求设计传统建筑，这时如果我们仍然按照传统的建造结构来修建房屋的话又会违反法律，于是不得不寻求县城里工人师傅的帮助，在我们要求的基础之上重新根据法律法规来设计房屋结构，同时要求工人师傅能够最大限度地保留我们本族传统房屋的结构和风格。尽管如此，族里一些年长的人认为新的建筑已经偏离了基诺族传统建筑的风格，所以他们大多选择放弃扩建或重建住宅。"

#P017："在我们族群内部有待人处事的规矩、辨别是非的标准和调解族群内部纷争的规范，以此保障村子的发展和习俗的传承。近年来，这边的少数民族发展得都比较快，如傣族、彝族、白族等，他们联系了外面的很多人来开发资源，我们村里的年轻人刚开始跟族里的老人商量过，如开发旅游资源，但是老人们觉得会带来不好的东西，一直没同意，后来几个年轻人开始慢慢地跟外面的老板联系，然后把自己家的房间用来招待外面的人，并收取一定的费用，不过每次都跟族里人说是他们从外面邀请的朋友。后来时间长了，族里要求他们必须按照规矩办事，尤其是涉及传统文化的东西，一定不能打破传统。"

附录 D

信息传播过程开放编码的标签

a1 使用过程	a83 交换关系	a165 生产效率	a247 传统节日	a329 媒体技术
a2 生活方式	a84 融合	a166 制度	a248 契合程度	a330 关系集合
a3 获取资源	a85 创新	a167 经验不足	a249 达成共识	a331 高速增长
a4 转换过程	a86 种植	a168 封闭区域	a250 工具	a332 知识普及
a5 语言障碍	a87 经济困难	a169 作业过程	a251 强调	a333 责任
a6 传播媒介	a88 任务	a170 聊天	a252 生活状况	a334 困惑
a7 传统文化	a89 娱乐节目	a171 掌握技术	a253 担心	a335 延伸
a8 健康因素	a90 政府机构	a172 生活标准	a254 信仰	a336 证据
a9 问题表达	a91 家庭关系	a173 地域限制	a255 完善	a337 家人
a10 关系发展	a92 族际差异	a174 经验应用	a256 宗教	a338 边缘生活
a11 关系网络	a93 需求形式	a175 老板	a257 经历	a339 发展趋势
a12 日常交流	a94 限制	a176 表达	a258 被动	a340 约束
a13 内部	a95 组织	a177 不确定性	a259 整合	a341 资源保护
a14 知识传递	a96 交流体系	a178 慎重考虑	a260 质量	a342 意图明确
a15 个人选择	a97 作用加强	a179 自我要求	a261 活动中心	a343 结构性
a16 认知模式	a98 族群规范	a180 消费	a262 优化	a344 汉语表达
a17 亲缘结构	a99 人群	a181 打电话	a263 年轻人	a345 风俗
a18 政策变动	a100 交往类型	a182 操作过程	a264 活动场所	a346 针对性
a19 认同	a101 跨越	a183 电脑	a265 交往意愿	a347 探索
a20 扭曲	a102 情感表达	a184 健康	a266 经验积累	a348 价值观

续表

a21 内部控制	a103 持续作用	a185 观看视频	a267 主体推进	a349 认同感
a22 行为观察	a104 学校活动	a186 医院	a268 发展动力	a350 村主任
a23 诚信	a105 感知	a187 评价	a269 血缘	a351 陌生环境
a24 风险	a106 空间感	a188 依赖	a270 保留原先	a352 初中
a25 偏好	a107 持续	a189 增加	a271 返回	a353 教师
a26 衍生	a108 中介	a190 促进作用	a272 层次	a354 特点
a27 距离	a109 集中	a191 分化	a273 事态严重	a355 压力
a28 角色	a110 孩子	a192 全面推进	a274 职业	a356 社区
a29 互动	a111 数字资源	a193 吸收	a275 鸿沟	a357 佤族
a30 障碍	a112 尝试	a194 层面	a276 法律	a358 养殖
a31 沟通	a113 分别对待	a195 相似	a277 综合	a359 困境
a32 转移	a114 公共文化	a196 对策	a278 失衡	a360 价格
a33 范围	a115 当地	a197 价值关联	a279 一致	a361 设计
a34 贫困生活	a116 边界	a198 意义	a280 平等	a362 高度
a35 外界	a117 百度	a199 语种	a281 重要对象	a363 购物
a36 分享	a118 生活领域	a200 观念	a282 扩散	a364 小学
a37 阶段	a119 倾向	a201 改善	a283 扶贫	a365 调节
a38 需求	a120 技能	a202 设施	a284 活动位置	a366 拓展
a39 休闲	a121 判断	a203 收集	a285 收入	a367 上学
a40 地区差异	a122 机会	a204 人际	a286 开发	a368 交往
a41 习惯	a123 熟悉	a205 适合度	a287 自我	a369 社会力量
a42 个人	a124 信息源	a206 配置	a288 地位	a370 村寨
a43 主体	a125 合作	a207 特殊	a289 外人	a371 同学
a44 成员	a126 满足	a208 认识	a290 人工	a372 哥哥
a45 经验	a127 祭祀	a209 简单	a291 老公	a373 权力
a46 卫星电视	a128 阅读	a210 亲戚	a292 世界观	a374 框架
a47 产品	a129 识别	a211 保障	a293 冲突	a375 推广
a48 特征	a130 背景	a212 深层原因	a294 投入	a376 爸爸
a49 自身	a131 传递	a213 保存	a295 权利	a377 匮乏
a50 消极	a132 融入	a214 面对面	a296 强烈	a378 阻断

a51 现状	a133 媒介	a215 传承	a297 宣传	a379 特殊性
a52 弊端	a134 观察	a216 支持	a298 路径	a380 社会文化
a53 封闭	a135 心理	a217 社群	a299 角度	a381 老人
a54 优势	a136 描述	a218 排斥	a300 手段	a382 准则
a55 数据	a137 基础设施	a219 利益	a301 智能手机	a383 闭塞
a56 教育	a138 医生	a220 执行	a302 汉族	a384 可靠
a57 包容	a139 视野	a221 成本	a303 力量	a385 晚上活动
a58 农村	a140 理念	a222 措施	a304 依附	a386 落后
a59 习俗	a141 意识	a223 专业	a305 导向	a387 规划
a60 茶叶	a142 接触	a224 技术	a306 族长	a388 固化
a61 意愿	a143 规则	a225 恢复	a307 处理	a389 阻隔
a62 关注	a144 运用	a226 老师	a308 宽带	a390 干活
a63 朋友	a145 橡胶	a227 成因	a309 扶持	a391 才能
a64 工作	a146 来源	a228 喜欢	a310 乡镇府	a392 遭遇
a65 联系	a147 复杂	a229 能力	a311 打听	a393 摸索
a66 信息服务	a148 方案	a230 状态	a312 族群内部	a394 独立性
a67 稳定	a149 信息化	a231 专家	a313 女儿	a395 子女教育
a68 主动	a150 帮助	a232 消除	a314 咨询	a396 商人
a69 电视	a151 核心要素	a233 决策	a315 解决途径	a397 生病
a70 培训	a152 大城市	a234 生活丰富	a316 复杂性	a398 狩猎
a71 生活方式	a153 族群治理	a235 反馈	a317 失控	a399 调控
a72 学习	a154 降低	a236 自然	a318 引导	a400 特质
a73 对象	a155 崇拜	a237 医疗	a319 同化	a401 满意度
a74 行动	a156 表现	a238 电视节目	a320 基层	a402 媒体
a75 渠道	a157 考核指标	a239 代表性	a321 高中	a403 房屋修建
a76 价值取向	a158 素养	a240 单一生活	a322 突破	a404 水果
a77 共享	a159 长期生活	a241 逆境	a323 移动	a405 遵循
a78 促进	a160 成长方式	a242 缺失	a324 变化过程	a406 公平
a79 能力提高	a161 上网	a243 设备	a325 协同效应	a407 调整
a80 寻求帮助	a162 积极投入	a244 差距	a326 核心	a408 气候

a81 互联网	a163 改变	a245 充分发挥	a327 扩大	a409 低收入
a82 市场	a164 免费	a246 交互	a328 鼓励	a410 精神

附录 E

信息传播过程开放编码的概念

aa1 沟通渠道	aa25 人际交流	aa49 情感态度	aa73 互惠行为
aa2 认知反馈	aa26 网络公平性	aa50 情感选择	aa74 利益价值关联
aa3 社群结构	aa27 公开机制	aa51 路径依赖	aa75 信息传递不畅
aa4 排斥衍生	aa28 功能认同	aa52 群体共识	aa76 优化整合
aa5 个体需求	aa29 共同理解	aa53 自我控制	aa77 科学素养
aa6 等级分层	aa30 共同信念	aa54 积极改变	aa78 适应性状况
aa7 动力机制	aa31 互补性	aa55 扭曲信息内容	aa79 完善意愿
aa8 风险偏好	aa32 价值认同	aa56 内部积聚	aa80 共享渠道
aa9 信任支持	aa33 外界改善	aa57 沟通和协作	aa81 学习培训
aa10 利益认同	aa34 价值系统	aa58 社会资本	aa82 有效反馈
aa11 角色恢复	aa35 习惯契合	aa59 族群差异	aa83 强制手段
aa12 规范化成因	aa36 免费受益者	aa60 资源配置	aa84 内容丰富多彩
aa13 逆境需求	aa37 追切愿望	aa61 理性程度	aa85 宗教包容
aa14 合理性	aa38 工具渐进性	aa62 分化关联稀疏	aa86 主动推进
aa15 充分分享	aa39 阶段教育程度	aa63 信息传递链	aa87 语言障碍
aa16 思想狭隘	aa40 消极封闭	aa64 同质性	aa88 生活观念
aa17 参与机制	aa41 信仰结构化	aa65 社会关系	aa89 必要性选择
aa18 标准化控制	aa42 中心凝聚力	aa66 合作行为	aa90 内部保障
aa19 过程配置	aa43 具体化弊端	aa67 传播意愿	aa91 知识传承
aa20 依赖性加大	aa44 阻断信息传播	aa68 文化交流	aa92 宗教信仰

aa21 面对面获取	aa45 集群分化结构	aa69 双向交流	aa93 大众传播渠道
aa22 处理手段落后	aa46 交互均衡性	aa70 疏离感	
aa23 风俗习惯	aa47 利益判断	aa71 价值准则	
aa24 持续意愿	aa48 转移灵活性	aa72 自身兼容性	

附录 F

信息传播过程构成范畴的证据示例

范畴	经整理后访谈记录中的解释证据
aaa1 障碍阻断	#P006："我也不知道为什么，总觉得跟不是本族的人沟通时要特别小心，总觉得会出什么问题，因为在我们村就发生过一些不太好的例子，导致我们对外面的人和事都十分小心，尤其是一些我们自己都不确定的事情会更加注意，总之就是觉得很难，而且这种情况就像隔着一层东西一样，很难在短时间之内搞清楚。" #P017："我们族里信奉原始宗教，相信万物有灵，崇拜自然界中的各种事物，认为大自然中的一切事物都有属于自己的灵魂，所以我们的很多日常活动都是建立在这种理念之上的，这就是我们的传统和习俗的来源，所以这种在传统习俗上的差异，使族人在对很多事情的看法上跟外界的事物和理念存在很大的区别。一般情况下，族人不会主动与族外人沟通与交往，除非是通过关系很好的朋友介绍或者是情况特别紧急。" #P041："我感觉很多事情只要是跟外面的人一起做或者有外面的人参与一定会做不好，会遇到很多不该有的困难，例如我们平时最热闹的节日就是过年，但这个时间不是固定的，取决于我们每年的收成，什么时候好就什么时候过，这跟别的民族有很大区别，如果有外人参与，他们就觉得我们连最隆重的节日庆祝都这么随意，可是我们自己觉得很好，也懒得跟他们（其他族群）解释。总之最关键的是我们不经常在一起做事情，因此很难理解对方，很多时候也没有太多相互接触的机会，这样大家就没有时间来了解对方了。"

范畴	经整理后访谈记录中的解释证据
aaa2 同质性积聚	#P040："我们很少跟汉族人通婚，绝大多数情况下都是鼓励本族的青年男女在婚前自由交友，在我父母那个年代，婚姻的缔结完全由父母包办。大多数时候，我们本族人的关系非常紧密，但本族人跟外界发生交流基本上不常见，因为我们每天都要忙自己的事情，而且总是有干不完的活，就算是把活干完了，也会有其他的事情来找你。" #P047："就我了解的情况来看，我们族的人好像很长时间都没跟汉族人通婚了，毕竟大家都觉得如果要结婚的话，总是要找一些背景相当，而且习俗能够互相认同的，不然长时间下来很难相处，就像我二哥跟我二嫂一样，我嫂子是哈尼族的，结果嫁到我们这里来发现很多东西都没办法理解，时间一长发现日子没法过了，到最后还是跑掉了，反正我还是觉得找本族的人结婚会比较好些，但很多时候也由不得我们。" #P019："我们经常聚在一起说自己的事情，有时候这种情况可能会慢慢变好，毕竟这样是有些不太礼貌的，但时间长了还是会有很多顾虑，不过绝大多数情况下，我们族的人在一起的情况还是很普遍的，包括我们的小孩也很少跟外族的孩子一起玩。"
aaa3 强度信任	#P041："其实从家族关系来看，我们这个村子的人都是一大家子，大家的祖辈都有亲缘关系，所以很多时候我们都觉得没有什么事情是信不过的。因此在我们这里，即便是很多在外人看来不应该拿出来说的事情，我们也会经常在一起讨论，可能外面的人会觉得我们不太正常，但在我们这里却很平常，当然也有一些极其特别的情况，除非是一些见不得人的事情，不然大家都会把这些事情拿出来说的，毕竟我们觉得很多事情说开了也就没事了，如果一直积累着，时间长了就会出问题，而且一旦这些问题集聚在一起就会出大问题。" #P043："去年乡里动员大家凑钱修路，我们村基本上没有花太多时间就把钱凑齐了，但是有些杂居村（多民族杂居程度比较高的村落）却不是这样，因为只要是族里的年长者决定的事情，大家就没有什么异议，而且我们平时都十分信任彼此，觉得大家不可能乱花钱去做一些不该做的事情，关键是年长的人比我们更懂得信任在族群里的作用。" #P010："在我们这里，平时你会看到小孩基本上都是到各家各户串门的，如果外人来了，基本上分不清哪家的孩子是哪家的，因为有时候玩得太晚了就直接跟家里说一声在别人家过夜，我们族的人都觉得这很正常，孩子就好像是大家的一样，你家的就是我家的，很多时候都没有分得那么清楚。"

续表

范畴	经整理后访谈记录中的解释证据
aaa4 互惠交换	#P049："我感觉族里的人在一起聊天喝茶的时候会很放松，时间长了，你会越来越享受这个过程，会觉得非常有意思，然后总想参与进来在大伙讨论的时候说些什么。绝大多数情况下，我们在聊天的时候会知道哪家有什么困难，需要什么帮助，这个时候族长或年长的族人就汇集整个村子的力量帮那家人解决困难，例如四哥家的儿子当年上大学没钱，族长当时还是非常开明的，他把村里修缮祠堂的钱借给四哥，后来他儿子毕业了没有往外跑，不但把钱还给了族里，还回来帮助大家一起发展养殖业。" #P047："前些年我们家因为要到乡里跑农运，就借钱买了辆小面包车，只要是我们族的人有需要，基本上很多时候我都无偿地帮助他们。后来我们村的村干部有一次急着去乡里开会，当时村委会没车，他来我家借面包车的时候我什么都没想，就直接把车钥匙给了他，总之在我们这里，只要你需要帮助，大家都会主动帮忙。" #P014："我感觉我们族的人要获得帮助或者帮助别人其实都很常见，因为很多时候还是看你把大家的这种亲缘关系和族群关系看成什么，这一点很重要，例如在帮助别人做一些事情的时候，如果我觉得能够帮上他，就不会受其他人的干扰，因为在帮他的同时我会想，假如这个需要帮助的人是我，那他也一定会帮我。"
aaa5 群体成分	#P031："我们会对外族人有一些想法，而且很多时候会对外族人和本族人进行区分，这不仅仅是因为我们发现他们在很多时候会对我们认同的东西产生误解，还因为我们对自己认同的东西有着十分深厚的情感，所以有时候这种划分能让我们给一些事情或一些人贴上某些不太合适的标签，尽管这不是一种主观偏见，但是很多时候我们会觉得无法避免这样的事情发生。" #P044："其实在我们族里也有一些小团体，只是没有那么明显，可能哪几家的关系会更亲近，尤其在过节时会表现得更明显，你在那个时候会发现一些家族和另一些家族之间的关系很紧密，但有些家族之间就没有那么紧密，不过这只是一小部分，因为很多时候我们并没有这么明显地去关注这些事情。" #P045："虽然我们族的人不太能区分复杂的宗亲关系，但有时候必须得注意这些事情，比如祭祀的时候，尽管现在年轻人慢慢地也开始不再重视这些事情了，但是年长的族人却十分在意这些事情。"

范畴	经整理后访谈记录中的解释证据
aaa6 频繁互动	#P046："其实我们族的人在交往过程中都十分自然，也没有那么多复杂的规则，大家没有太多防着对方的想法，而且很多事情我们都十分清楚，所以不会有人乱来，除非他想脱离整个族群。" #P044："我们村寨都建在高山上，很多时候面临着耕地缺乏、雨季漫长和年降雨量大的情况，时间长了我们的发展也面临着一些非常明显的困难，这个时候政府会采取一些帮扶政策和管理政策，如退耕还林，然后尽可能地在现有基础上适度畜牧，同时鼓励年轻人放弃传统种植项目而去种植经济林木，还鼓励大家外出务工，所以对这些政策还是觉得难以适应，因为我们始终要依靠自己的力量发展，也要一直坚持这样的理念。" #P049："你会看到我们这里的人都不拘束，很多时候都是走到谁家，聊着聊着最后就在那家吃饭了，没有什么特别的理由，也不需要提前打招呼。有时候如果聊着聊着时间长了，吃完早饭再吃晚饭都很有可能，但是外族人来了就不太一样，我们还是会讲很多规矩，不过一般很少有外族人来，毕竟他们很难表现得像我们一样自然。"
aaa7 行为价值	#P013："我们族里每个村落都有一个自然形成的家族长（有的同时是氏族头人），一般都是由家族内辈分较高，对族里的传统和知识比较了解，同时能够对外进行沟通的成年男子担任，这个位置不能世袭，如果死亡或因故失去了威信，则另找新人代之。族里的生活生产、祭祀活动、家族纠纷等都要家族长来领导，每个家族都会因为其家庭氛围和生活习惯形成一定的价值理念来指导族人的生活，因此我们族人一般只要知道名字，就能判断出是哪个家族、谁的子女，以及排行第几，他们家比较重视什么，所以家族和家族之间会有些不一样的地方。" #P041："一般一个家族的很多东西都由年长的主妇来打理，大家庭内部则是由每个小家庭的主妇一起来打理。吃饭时，通常由年长的主妇按人平均分配。火塘是我们家族划分的单位，每个火塘代表着一个家族，每个家族都有自己独特的理念，最近几年发生了一些变化，例如有些家族由年长的族人来主持家族大事，但也有的家族由最有威望的族人来主持家里的大事，总之会有一些不一样的事情，不管你认不认可，总体来说会在族规的基础上做一些小的变通。" #P018："我们很多时候都以整个族群为单位来处理一些事情，家族的家族长对于同一个问题的处理方式会有一些差异，所以不是所有的事情都按照族规来做决断，尽管族规是一个方面，但它只是一个大方向，具体的还要根据每个家族所看重的办法来处理。所以我们通常会说，家族的事情在家族内处理，族里的事情则需要家族长一起来处理，这是规矩，老人一直强调不能坏了规矩。"

续表

范畴	经整理后访谈记录中的解释证据
aaa8 导向情感	#P008："族人对于自己的传统文身有着独特的理解，很多时候会以此寄托对社会和自然的想法，这几乎不需要外族人理解这种做法。文身的部位主要是脸部，常称之为'画脸''文面'，小孩有些时候也会文在手上，女孩长到十二三岁时，便要'文面'，以象征成年。大部分外族人认为这是不适宜的行为，但'文面'是我们的信仰和传统。他们也有信仰的东西，只是跟我们不太一样罢了，所以没必要达成一致，因为大家都有不一样的想法，这就是我们为什么很难跟外族人相处好的原因，毕竟大家认可的东西不一样。" #P033："其实这个道理很简单，就是我们有太多不一样的东西难以融合在一起，你如果跟一个不了解或者觉得奇怪的人交流，你会怎么想，而且一般有什么问题，我们总会先让自己最亲近的人来帮忙，所以时间长了，大家的感情也都建立起来了，如果没有感情，那其他的东西也就没法谈了。" #P026："我们跟外面的人不一样，在族里人看来文身或者文面并不复杂，而且非常漂亮，我们从小就对这种文化有着非常高的认可度，因此会排斥没有类似文化的外族人，总之会觉得难以相处。从我了解的情况来看，我们也不太愿意跟他们（外族人）相处，因为沟通起来肯定会有障碍。"
aaa9 异质性分化	#P030："儿女成家以后就形成独立的家庭了，但是我们这里的子女跟父母之间的关系还是十分紧密的，不是说分家了就形成独立的家庭，而是在原有家庭的基础上形成一个更大的家庭，但还是有一些不一样的地方，我们自己家的大家族跟我丈夫的大家族虽然会有来往，但还是不如我们自己家亲，毕竟会有一些差别，尽管不明显，但偶尔还是能够看得出来的，比如杀猪宰羊的话只会在自己的大家族里分，一般不会分给另一个大家族的人，反正家族在我们这里有很强的凝聚力。" #P035："其实现在也有一些外面的东西传进来，尤其是年轻人很喜欢那些东西，虽然我们也不能说那些东西是好还是坏，不过我们族里的年轻人因为经常会受到老人的约束和族规的限制，而不像外族的年轻人那样对外面的东西表现得特别喜欢。也有可能是因为我们管得紧，他们怕我们不高兴才不去接触那些东西，或者他们不是很理解那些东西。反正他们跟外族的年轻人都玩不到一块去，都是我们族里的年轻人聚在一起玩自己的。" #P048："虽然现在也有很多不是我们族的人来到这里，但我们的很多传统活动是不允许外人参与的，这就使他们有很多事情不能跟我

续表

范畴	经整理后访谈记录中的解释证据
aaa9 异质性分化	们一起做，所以你会看到一些非常明显的不合群的现象。他们（外族人）也有自己的交际圈，所以不会跟我们说到一块去，我们也不会过问他们的事情，即便他们（外族人）遇到了很紧急的事情也很少找我们帮忙，其实也不是说不信任，而是很多时候没有关联，他们觉得他们的事情是他们的事，我们的事情是我们的事，尤其是在我们这里，这些东西都是分得很清楚的。"
aaa10 派系角色	#P049："我们族的分布一般不太集中，大都分散在相邻近的区域，然后根据繁衍自然地形成血缘村落，所以不同的血缘村落会聚居着不同的家族，不同家族之间有宗亲关系，但是也有自己的活动范围。一般情况下，小范围的活动都会在村落里组织，但是涉及本族一些重要的事件时，会由各个小范围村落的家族长出面后形成大范围的活动。" #P028："我经常跟我女儿说，你是独龙族的孩子，你代表着我们族，所以不管以后到了哪里，你身体里都流着我们的血液，这一点是永远都改变不了的。她现在非常认同她所处的生活环境，也过得很开心，原来还想着是不是要送她去外面上学，但是现在觉得她肯定融入不了外面的社会，外面的社会也很难理解她，所以我们打算把她留在我们身边，而且她自己也愿意留在这里，去外面的话她可能要做出很大的改变。" #P034："我们对本族的定位其实很简单，就是把一些属于我们自己的东西延续下去，但现在这一点不容易做到，不过我们一直在坚持，因为外面在变化，我们不得不去适应这些变化，所以现在看来我们跟他们（外族人）之间的相互理解可能还是很欠缺，但有时候看起来也不是什么坏事情，因为我们要保留属于自己的东西，如果他们（外族人）不能够理解的话，我们还是会坚持的。"

附录 G

信息适应过程开放编码的标签

b1 团体	b128 极端	b255 占卜	b382 矛盾	b509 混乱
b2 婚姻	b129 均等	b256 年长者	b383 重心	b510 承诺
b3 卫生	b130 劳动	b257 陈述	b384 一家人	b511 态度变化
b4 干预	b131 深入挖掘	b258 随机应变	b385 隐蔽	b512 讨论
b5 巩固	b132 载体	b259 遭受	b386 衡量	b513 特权
b6 边缘化	b133 替代	b260 文化发展	b387 共性	b514 响应
b7 子女	b134 吸纳	b261 前提	b388 限度	b515 提升
b8 迅速	b135 培育	b262 周边设施	b389 共存	b516 调节
b9 更新	b136 发展周期	b263 无序	b390 现行政策	b517 调整
b10 直观	b137 规律	b264 玉米种植	b391 房屋修建	b518 无所适从
b11 公益	b138 可能性	b265 治疗	b392 多元化	b519 深入人心
b12 制约	b139 自由	b266 服饰	b393 聚居	b520 脱贫
b13 阐释	b140 展示	b267 报告	b394 嵌入	b521 修订
b14 打工	b141 规定	b268 演练	b395 挑战	b522 需求
b15 避难	b142 喝茶	b269 邻居	b396 幅度	b523 宣传
b16 顾虑	b143 依靠	b270 信念	b397 丰富性	b524 选拔
b17 平衡	b144 通信	b271 健全	b398 供求	b525 熏陶
b18 起始	b145 基础教育	b272 建房	b399 息息相关	b526 延续
b19 动机	b146 主观	b273 蔬菜	b400 生育	b527 适度
b20 强度	b147 合理	b274 围绕	b401 综合性	b528 责任感

续表

b21 政府主导	b148 自主	b275 怀疑	b402 自然环境	b529 危险
b22 速度	b149 享受	b276 成立	b403 社会活动	b530 统筹兼顾
b23 关联性	b150 努力	b277 上升	b404 自然而然	b531 连续
b24 差异性	b151 阻碍	b278 累积	b405 革新	b532 谅解
b25 局限	b152 公平	b279 亲疏	b406 促使	b533 人本精神
b26 持久	b153 计算	b280 隔阂	b407 扩展	b534 简单易行
b27 疾病	b154 未知	b281 贡献	b408 行政	b535 看病
b28 顺应	b155 梳理	b282 集体	b409 文化生活	b536 引导性
b29 需求表达	b156 父母	b283 预期	b410 道德	b537 采纳
b30 偏远	b157 会聚	b284 预测	b411 职能	b538 评估
b31 来往	b158 帮扶	b285 便利	b412 通俗	b539 评价
b32 山区	b159 帮忙	b286 提炼	b413 机遇	b540 田野
b33 文化资源	b160 联结	b287 杂居	b414 负载	b541 公共性
b34 文化需求	b161 注意力	b288 趋向	b415 喝酒	b542 创收
b35 弱势	b162 祖辈	b289 情绪	b416 分配	b543 一般性
b36 放大	b163 看待	b290 偏差	b417 反对	b544 可信度
b37 生计	b164 公益性	b291 无差别	b418 缓解	b545 尝试
b38 医药	b165 低下	b292 转向	b419 多渠道	b546 试探性
b39 激发	b166 平均	b293 复杂化	b420 限制性	b547 班主任
b40 动态	b167 认可	b294 转移	b421 购买	b548 参与性
b41 非正式	b168 适应性	b295 多样性	b422 族谱	b549 定位
b42 越过	b169 简单化	b296 威胁	b423 财富	b550 补偿
b43 同步	b170 挑选	b297 运作	b424 扶植	b551 成本
b44 可行	b171 放弃	b298 清晰	b425 补贴	b552 自愿
b45 波动	b172 推动	b299 接入	b426 饱和	b553 价值观
b46 扭曲	b173 比例	b300 渴望	b427 可及性	b554 形同虚设
b47 农活	b174 寻找	b301 归属	b428 筹资	b555 好奇
b48 剥夺	b175 兼容性	b302 起步	b429 岗位	b556 背景
b49 顺序	b176 过渡	b303 无关紧要	b430 有效供给	b557 妨碍
b50 爱好	b177 脱离	b304 信奉	b431 查阅	b558 实质性

b51 自信	b178 感兴趣	b305 处境	b432 改进	b559 一致性
b52 报刊	b179 概括	b306 风格	b433 配合	b560 多样化
b53 秩序	b180 紧急	b307 修建	b434 抵触	b561 共识
b54 情景	b181 继续	b308 敏感	b435 礼仪	b562 共享
b55 年长者	b182 闭合	b309 谈论	b436 劳动力	b563 老龄化
b56 通婚	b183 设定	b310 作用机制	b437 主食	b564 协调性
b57 重点	b184 实在	b311 乐观	b438 信任度	b565 公开
b58 性别	b185 隐私	b312 摆脱	b439 思想性	b566 鼓励
b59 代际	b186 尊重	b313 防止	b440 独特性	b567 成就感
b60 积极性	b187 生育	b314 受阻	b441 劣势	b568 灵活性
b61 回避	b188 本土化	b315 描述性	b442 等级	b569 自觉自愿
b62 组合	b189 承担	b316 语境	b443 预防	b570 必要性
b63 电影	b190 示例	b317 均衡	b444 捐赠	b571 讲究
b64 还原	b191 渗透	b318 浪费	b445 不合理	b572 时效性
b65 优先权	b192 布局	b319 抽象	b446 意图	b573 创造性
b66 特色	b193 队伍	b320 外来	b447 神圣	b574 导向
b67 冲击	b194 容器	b321 抽取	b448 节奏	b575 逻辑性
b68 开放性	b195 指导	b322 结构优化	b449 筛选	b576 特殊性
b69 培养	b196 左右为难	b323 协调	b450 琢磨	b577 框架
b70 突出	b197 社交	b324 生态	b451 依赖性	b578 困难
b71 停滞	b198 准确	b325 把握	b452 祠堂	b579 困扰
b72 双向	b199 潜在	b326 半文盲	b453 潜力	b580 来源
b73 代表性	b200 内涵	b327 新媒体	b454 面子	b581 冷淡
b74 忽视	b201 过剩	b328 生意	b455 想象	b582 冷漠
b75 分散	b202 足够	b329 技术员	b456 精细	b583 理性
b76 初期	b203 保留	b330 错位	b457 未来	b584 立场
b77 组建	b204 整体性	b331 荒唐	b458 增进	b585 利益
b78 改革	b205 迎合	b332 尊敬	b459 衍生	b586 人际关系
b79 符号	b206 逻辑	b333 取向	b460 激励	b587 不切实际
b80 族谱	b207 弊端	b334 个性	b461 积累性	b588 扩建

续表

b81 族规	b208 赋予	b335 动态平衡	b462 抗拒	b589 流于形式
b82 仪式	b209 竞争	b336 机能	b463 控制	b590 民族传统
b83 客观	b210 突发	b337 格局	b464 宽松	b591 沮丧
b84 庆祝	b211 设施简易	b338 兴趣	b465 反作用	b592 包罗万象
b85 文化服务	b212 期望	b339 派系	b466 既得利益	b593 交互性
b86 广播电视	b213 加工	b340 饮食	b467 操作系统	b594 弹性
b87 建筑	b214 负责	b341 农作物	b468 成效	b595 比较
b88 进步	b215 适当	b342 医院	b469 切身利益	b596 舒适
b89 记忆	b216 拓宽	b343 监督	b470 动力	b597 一蹴而就
b90 效能	b217 疏离	b344 感觉良好	b471 常态	b598 封闭式
b91 创意	b218 同等	b345 经营	b472 本性	b599 堵漏
b92 浏览	b219 界定	b346 技巧	b473 成功	b600 关怀
b93 儿童	b220 运行	b347 间歇性	b474 传统	b601 观念
b94 早期	b221 拒绝	b348 重要性	b475 获利	b602 惯例
b95 补充	b222 封锁	b349 单独	b476 完整性	b603 惯性
b96 收割	b223 近期	b350 感受	b477 代价	b604 灌输
b97 汲取	b224 接收	b351 急需	b478 保障	b605 可有可无
b98 分类	b225 社会化	b352 真实	b479 错误	b606 交流
b99 睡觉	b226 接纳	b353 可比	b480 建议	b607 交替
b100 悲观	b227 社会性	b354 贫乏	b481 渐进	b608 角色
b101 主流	b228 观点	b355 婚丧嫁娶	b482 践踏	b609 教育
b102 干扰	b229 局限性	b356 可持续性	b483 僵化	b610 借鉴
b103 主导	b230 连接	b357 破解	b484 出发点	b611 谨慎
b104 畏惧	b231 交通	b358 祈求	b485 社会关系	b612 凝聚力
b105 显示	b232 狭小	b359 排序	b486 程序化	b613 言行不一
b106 胁迫	b233 维持	b360 影响力	b487 心理	b614 互补性
b107 焦虑	b234 时期	b361 排除	b488 信任	b615 说服性
b108 尽可能	b235 复合型	b362 自给自足	b489 信誉	b616 放松
b109 民间	b236 暂时性	b363 隔断	b490 效仿	b617 废止
b110 偏见	b237 家畜	b364 获益	b491 根深蒂固	b618 分工

b111 法规	b238 家禽	b365 不信任	b492 卓有成效	b619 风气
b112 普遍	b239 极度	b366 迫切	b493 有序	b620 否定
b113 完整	b240 焦点	b367 后续	b494 归根结底	b621 服从
b114 社会组织	b241 象征	b368 架构	b495 同族	b622 无从谈起
b115 亲缘	b242 主体性	b369 隔绝	b496 谴责	b623 边界
b116 年龄	b243 独特	b370 干涉	b497 强化	b624 认同感
b117 保险	b244 优生优育	b371 缺陷	b498 侵害	b625 传达
b118 避免	b245 乡村	b372 思维	b499 情感	b626 合情合理
b119 满意	b246 自然	b373 选择性	b500 人性化	b627 乏力
b120 区别	b247 单纯	b374 准确性	b501 刺激	b628 抱怨
b121 脉络	b248 指向	b375 差别	b502 强制性	b629 判断
b122 就业	b249 感觉	b376 束缚	b503 激励性	b630 配置
b123 过滤	b250 文盲	b377 代替	b504 突破性	b631 脾气
b124 协作	b251 指引	b378 分层	b505 和谐	b632 偏好
b125 休息	b252 滞后	b379 工厂	b506 核心	b633 平等
b126 聚集	b253 启示	b380 佛教	b507 互动	b634 理顺
b127 互惠	b254 外界	b381 重复	b508 环境	b635 理想

附录 H

信息适应过程开放编码的概念

bb1 形势所迫	bb34 需求破坏	bb67 步调失控	bb100 外部认同
bb2 资源缺乏	bb35 阻碍加剧	bb68 倍感焦虑	bb101 协调程度
bb3 行为沮丧	bb36 理解断层	bb69 自我意识	bb102 扩大完整性
bb4 观念冲突	bb37 格局错乱	bb70 困惑茫然	bb103 协同传递
bb5 困难重重	bb38 束手无策	bb71 行为关联	bb104 吸纳性引导
bb6 认知缺位	bb39 外界刺激	bb72 利益计算	bb105 习惯同化
bb7 变化未知	bb40 路径依赖	bb73 主动实施	bb106 延续性均衡
bb8 不堪重负	bb41 选择集合	bb74 思考应对	bb107 边界识别
bb9 信息介入	bb42 自我评价	bb75 位置替代	bb108 系统性延伸
bb10 选择集合	bb43 方案选择	bb76 效应输出	bb109 引导性合作
bb11 资源扫描	bb44 环境迎合	bb77 路径调节	bb110 满足心理
bb12 价值预设	bb45 重复纠错	bb78 结构优化	bb111 心理平衡
bb13 目标设定	bb46 信息采集	bb79 行为塑造	bb112 背景约束
bb14 观察学习	bb47 行动拓展	bb80 后效强化	bb113 结构性融合
bb15 变动倾向	bb48 过程控制	bb81 交互协同	bb114 核心突破
bb16 外部沟通	bb49 破旧立新	bb82 自然选择	bb115 持续介入
bb17 操作指引	bb50 传递吸收	bb83 效率提升	bb116 倾向性判断
bb18 功能修正	bb51 兼容协作	bb84 系统整合	bb117 理念约束
bb19 价值认同	bb52 认知指引	bb85 自然选择	bb118 异质性分化
bb20 机能匹配	bb53 经验习得	bb86 结合稳定	bb119 权力边缘

bb21 机能匹配	bb54 过程强化	bb87 动力充沛	bb120 周期性困境
bb22 框架一致	bb55 感知不确定性	bb88 水平促进	bb121 社会文化调节
bb23 效应积累	bb56 促进维持	bb89 恢复适应	bb122 风俗崇拜
bb24 模式稳定	bb57 效用汇集	bb90 兼容外化	bb123 陌生接触
bb25 行为习惯	bb58 社会资本	bb91 中介角色	bb124 针对性不足
bb26 内化机制	bb59 协同效应	bb92 问题呈现	bb125 秩序化拓展
bb27 结构关联	bb60 融合更新	bb93 可预期性协作	bb126 忠诚度阻断
bb28 表达自信	bb61 陌生环境	bb94 伦理准则	bb127 严肃性降低
bb29 同步交互	bb62 心理束缚	bb95 路径跨越	bb128 条理化准则
bb30 资产聚集	bb63 抱怨不满	bb96 连带关系	bb129 利益倾向
bb31 事后知晓	bb64 时空限制	bb97 期望强度	bb130 自我激励
bb32 畏惧不安	bb65 暂时停滞	bb98 依附限制	bb131 社会力量固化
bb33 情绪失落	bb66 能力障碍	bb99 角色认同	bb132 情境响应

信息适应过程构成范畴的证据示例

范畴	范畴内涵	原始语句（部分）
bbb1 被动进入	被动地进入自己不熟悉的信息环境	#P038："我们很多时候也是没办法才跑到这边来的，因为现在很多人都往外跑，家里的情况也不是很好，现在村里年轻人不多了，都是些老年人和孩子，基本上年轻人能出来的都已经出来了，毕竟出来以后的情况肯定比先前好些。那边的情况逼着大家往这边跑，基本上能过来的都已经过来了。" #P036："虽然刚到这边来时我们都觉得很兴奋，但是毕竟会面临很多新的环境，这些环境跟我们以前生活的地方都不一样，比如我们熟悉的人、事、物在这里都已经完全不一样了，也没有能够帮助我们理解的东西。" #P025："我原来在老家那会儿虽然有很多东西觉得不方便，但是毕竟我知道从哪里下手，可是到这边来了以后我发现很多事情都有点被动，因为很多东西我们都不知道怎么处理，所以有时候觉得不太想做这些事情。"
bbb2 遭遇困境	诸多障碍使逆境感知逐渐放大	#P007："我发现来到这里后一切都变了，陌生的环境、陌生的人，这里的生活方式跟我们之前想的不一样，因为我们原先吃的东西、用的东西，包括一些生活习惯跟城里人都不一样，所以想要融入他们的生活是比较困难的。" #P012："我记得当时我女儿上学就是件很难处理的事情，因为我们刚到这里，再加上我的汉语也不是很好，当时为了女儿上学跑了很多地方，而且我女儿之前在村子里基本上不讲汉语，所以在学校的学习和生活都比较麻烦。"

续表

范畴	范畴内涵	原始语句（部分）
bbb2 遭遇困境	诸多障碍使逆境感知逐渐放大	#P020："我刚开始觉得找工作还是挺好找的，但是实际情况跟我想的不太一样，因为我口音重，原先会的东西在这里基本都用不上，所以最开始只能干一些力气活或者城里人不太乐意干的活。"
bbb3 表达悲观	信息实践的情感表达显现出间歇性的消极	#P029："因为突然面临太多的事情，而且一下子很多事情都找不到解决办法，这个时候我会特别着急，于是对家人抱怨，有时候激动起来还对他们发火，虽然我知道这样不好，但是有时候确实控制不住自己，主要是很多东西一下子都没消息了。" #P027："我开始变得有点沮丧，因为我觉得这里的生活比我当初预想的要困难，找了好几个工作都没有回应，因为我发现在村里待的时间太长了之后，到外面来感觉跟这个地方的人有太大差距，而且不能很好地融入他们的生活。" #P002："刚来的时候我还是挺开心的，因为看到了很多新鲜的东西，但是过了一段时间，要从头开始做很多事情的时候，我就有点焦虑了，尤其是当我找房子时，发现特别困难，毕竟房子不是很好找，但又必须得找，再加上我听不太懂汉语，所以这些事情就变得更加麻烦。"
bbb4 封闭限制	尽可能少地与外界进行信息交换	#P004："我其实不是太能融入这里的生活，但为了挣钱，我还是决定留下来，因为我不太清楚外面的情况，也不认识什么人，所以很少跟外面的人打交道，基本上就是打工，在家做自己的事情，也没有什么娱乐活动，平时就是看看视频，下班回家后就睡觉了，想起以前在村里的时候，我们还经常在一起吃饭喝茶、唱歌跳舞。" #P040："我基本上不太爱跟这里的人接触，有时候觉得傣族人好像比较容易亲近，但是时间长了就会发现他们跟当地人的关系好像更好，所以我基本上就是自己玩自己的，偶尔也会跟我们族的人在一起玩。" #P010："我平时很少出去玩，因为我爸妈会担心，我一个女孩子自己到这边来打工，尤其是晚上我是绝对不会出门的，下班回家后我基本上就是跟家里人通电话，然后看会儿电视就睡觉了。"
bbb5 行动受阻	信息实践面临巨大的障碍阻断	#P028："他们说汉语说得很快的话我会有点听不懂，因为我原来在村子里的时候都是说我们本族的语言，所以不怎么懂汉语，也不认识汉字，很多跟我们日常生活相关的信息我也看不懂，包括找工作的信息有时也看不懂。"

范畴	范畴内涵	原始语句（部分）
bbb5 行动受阻	信息实践面临巨大的障碍阻断	#P021："我先前生过一次皮肤病，当时想去看医生，但是因为我不太清楚这边医院的情况，再加上听他们说大医院看病太贵，就让我表哥带我去附近的小诊所看了，但是弄了很长时间都没好，后来还是去了大医院，不过也花了很长时间，但好歹还是治好了。" #P008："我刚过来时都是靠这边的熟人给介绍工作的，原先还觉得这边机会比较多，但不知道该怎么找这些信息，所以也没觉得有太多的机会，但是发现本地人很容易换工作。"
bbb6 不确定性	信息实践暂时停滞导致不确定性增加	#P033："我来这边以后，出现了一种情况，就是在这里我很多时候都处于一种比较茫然的状态，很多事情不知道该怎么办，不知道能够做什么，也不知道要做什么，原来在村子里的时候，很多事情我都清楚要怎么做、该做什么。" #P011："当时找租房信息的时候，我都是在街上到处跑，看到要出租的房子就直接进去问，因为租房信息很少，我一天跑下来也问不出几个。" #P034："当时我女儿上学时，我问了好几个学校，他们都告诉我要先把户口搞清楚再去找他们，我当时也不是很清楚为什么会这样，结果当时我女儿上学耽误了很长时间。"
bbb7 无序失控	未知事物的突增使生活变得无序和失控	#P009："来到这边以后，我觉得生活节奏变了，很多事情没有头绪，搞得整个人都乱套了，事情一下子变化太大导致太多事情安排不过来。" #P013："就是说不出来那种感觉，我不知道你能不能理解，很多事情总是定不下来，而且经常变来变去的，你会发现就算是过了很长一段时间，还是很难控制得好。" #P030："现在每天都很忙，也顾不上孩子的学习和生活，他没事就跟着他妈妈在我哥家里打理店铺，我基本上没时间管他，一个礼拜能见到他一次就不错了。"
bbb8 压力威胁	日常生活压力所致的焦虑感增加	#P015："随着日子一天天过去，我越来越感到焦虑，因为我总觉得生活压力越来越大，毕竟现在要靠我自己来养活一家人，但现在我还是没有固定的工作。" #P024："刚来这边时打算学点技术，有了技术就可以找到好的工作，但是现在每天除了工作，基本上就没时间做别的事情了，当时的想法也一直没落实，到现在还什么都没学。" #P005："我也不是说不想去改变，但是要花太多的时间和精力，我没那个时间和精力，现在每天都觉得很累，压力也很大。"

范畴	范畴内涵	原始语句（部分）
bbb9 寻求突破	尝试突破现有的资源集合和社群关系	#P018："慢慢地，我发现逃避也不是很有用，其实很多事情还是要自己想办法，即便要知道这些东西也不是很容易，但还是得自己想办法解决，不然事情就一直停在这里。" #P016："我现在能够通过我二哥那边的关系来找工作，我二哥比我来得早，很多事情他比我清楚，而且他在这边也认识不少人，然后我想他肯定能帮我找到一些有用的信息。" #P037："我在我们厂子里认识一个我们族的女孩，她人很好，经常帮我，后来我们就一起租房子，现在我们准备一起报考成教，以前我不是很想读书，但是现在却又要重新读书了。"
bbb10 环境识别	重新审视及考察信息环境中的资源条件	#P081："后来我也试着像我姐姐那样去外面找工作，但是发现我能做的事情不多，而且能够打听到的消息也很少，不过我慢慢发现如果耐心地找的话，找工作的信息其实还是挺多的。" #P006："我现在每天都会跟我们一起过来的人聊天，他们也在发生变化，有些有关系的好像很快就解决孩子上学的事情了，于是我就请他帮我打听孩子上学的事情。" #P003："我能够理解我爸妈的心情，他们每天都打电话问我的情况，我告诉他们我现在要准备一些考试，他们不是很理解为什么我要做这些事情，因为城里人都比较认可这个东西，我如果一直拿着中学文凭去找工作，基本上很多事情都做不了。"
bbb11 选择困惑	对当前狭小的信息实践范围充满困惑	#P023："虽然我也想把这件事情做好，但是这边的一些做法跟我们那里不太一样，我也不知道是不是要按这边的方式来做，不过还是可以慢慢摸索，就是很多事情处理起来会比较麻烦，也不清楚这样做会不会比之前更好。" #P029："我犹豫要不要参加这个培训，虽然不用交钱，但是毕竟每天都要花时间在那里上课，如果培训完没用，那这件事情岂不是白做了。" #P007："我不清楚要不要买社保，我哥跟我说如果有条件的话还是尽快买一个，因为后面还有很多事情会牵扯到这个社保，例如户口的事情，而且小孩上学也需要这些东西，问了好几个学校都说没有社保的话还要去开其他的证明，反正都是些麻烦的事情。"

续表

范畴	范畴内涵	原始语句（部分）
bbb12 方案评价	从行动策略中挑选出可行的信息实践方案	#P017："我不知道我能不能去茶园打工，因为我的汉语讲得不是很好，而且以前在村里时主要是弄橡胶，没怎么种过茶叶，但是我在那边种过其他东西，也不知道有没有用，所以我也不打算找人去问了，直接去那边看看里面的工人是怎么做的就知道了。" #P015："我现在发现要做的事情变多了，因为知道的事情也变多了，我下周要去面试，打算换一份工作，不知道这样好不好，但是我考虑了很长一段时间，觉得还是要去试试。" #P010："上周我从一位同乡那打听到消息，但是我现在不知道要不要给我儿子报名，他们说那是个农民工子女比较多的学校，里面环境不是很好，但是学费比较便宜。"
bbb13 转化执行	将信息实践方案转化为具体的信息实践	#P032："在来之前我其实也想过这件事情要怎么做，但是到了这里之后我才发现实际情况要复杂很多，所以很多事情也不能只是去想，还是得边做边总结，有时候知道太多了反而不是什么好事情，如果能集中做好几件事情，其实就能够获得很多的信息，而且现在看来，信息太多了也不是什么好事情。" #P038："之前考虑得太多，我觉得就先干着，总会有事情可以做，不然耽误的时间越长，吃亏就越多，就像我之前打算考驾照，怕花钱，又怕考不过，结果拖到现在也没做这件事情，当时其实有时间，咬咬牙就过来了，现在没时间了，想考都来不及了。所以我这次没想过要自己找这方面的信息，而是直接参加考试，因为很多已经考过的人都告诉我肯定没问题的。" #P039："我现在准备这个考试将近 3 个月了，刚开始也没想清楚为什么要考，但是发现周围的几个朋友都考过了，觉得自己肯定也没问题的，所以就把备考的书都买了，然后每天下班以后就慢慢看着，刚开始收集考试信息时也没想到后面还要找那么多信息，但是我心里想的东西还是比较明确的。"
bbb14 积极应对	积极主动地应对执行过程中出现的问题	#P018："后来我开始慢慢想办法解决一些简单的问题，毕竟这都是自己的事情，你要是不想办法解决的话，事情会越来越多，到后面基本上只能傻看着，比如现在要是遇到问题我会问基诺族的其他人该怎么做，他们即使不知道该怎么做也会给我一些建议。" #P011："现在来这边的人开始变多了，不像刚开始的时候只有很少的人来，慢慢地我们也变得比之前来的时候更自信了，

范畴	范畴内涵	原始语句（部分）
bbb14 积极应对	积极主动地应对执行过程中出现的问题	刚开始时的那些沮丧和焦虑现在慢慢变少了，毕竟不想着回去的话就只能主动解决问题。" #P038："我现在每天都在上班的路上看书，回来以后也坚持看书，虽然基础不好，但是我觉得我肯定能考过，因为我周围的好几个女孩子都考过了，我觉得我并不比她们差太多，其实主要还是备考过程中选择哪些信息最重要，比如说报考的学校、专业等。"
bbb15 策略演练	在信息实践中反复尝试不同策略	#P027："通过慢慢地观察，我发现自己打工的餐馆会来很多我们族的人，而且他们来这里已经有很长时间了，所以我觉得他们知道的东西肯定比我多，肯定能帮我不少忙，后来事实证明了我的想法没有错。" #P021："我现在已经大致清楚这里的节奏和方式了，总之你要主动去适应它，哪怕错了也没关系，因为错了之后你也能学到很多东西，但要是一直什么都不做的话就会发现你能做的事情越来越少。" #P036："我现在会试着找不同的人打听我儿子上学的事情，尽管有些人不会告诉我，但是不同渠道的消息会给我很多建议，而且有些建议确实很好，所以还是要多尝试一些渠道和来源。"
bbb16 强化反馈	对各类信息实践的结果进行解释和归因	#P042："我刚去餐馆打工的时候什么都不懂，以致出了一些问题，后来时间长了，我慢慢地根据他们的动作和表情，知道他们大概在说什么，所以不像之前那样什么都不懂了，只要你主动去想，还是会有办法的。" #P023："我每天都在家里看电视，就是看汉语频道，尤其是电视剧，因为它就是讲生活的，慢慢地我也明白里面说的一些东西了，特别是一些我感兴趣的东西，通过对照就会发现其实你是可以学到东西的。" #P033："这里的人也没有我们想象的那样难以接触，有很多人还是挺好的，而且我也从他们那里得到了很多帮助，尤其是在一些我觉得没什么希望的事情上。"
bbb17 经验调节	在反馈效应下主动调节执行策略	#P041："后来我通过仔细观察，发现其实很多招工信息的发布时间都集中在某几个时间段，我把这件事情告诉了其他人，他们也都跟我一样，集中地在这个时间段找到了工作。"

续表

范畴	范畴内涵	原始语句（部分）
bbb17 经验调节	在反馈效应下主动调节执行策略	#P019："后来我换了几份不同的工作，慢慢发现要是能懂一门技术或者有更好的文凭就能找到不错的工作，于是我现在准备报考成教，因为都是晚上去上课，所以我白天的工作也不会耽误。我现在完成作业后除了跟同学沟通，还会去网上找找相关信息，或给老师发消息。" #P022："我现在学修车，发现自己比较擅长做这行，原来的时候搞不明白，但是现在就觉得我对修车还是有点天赋的，不光是一起工作的工人给我指导，很多时候从修车的人那里也能够获得一些有用的东西。"
bbb18 进程调整	在反复调控策略中优化应对措施	#P005："我现在看电视时也会刻意地关注一些能学到东西的节目，然后再把这些东西运用到生活中，虽然我发现这些东西不会立刻见效，但是试着做就会发现其实也没有那么难。" #P014："其实城里的东西跟我们村里的东西还是有一些相似点的，就看你能不能主动地发现它，比如我发现城里人也讲关系，所以只要把关系处理好，就能知道很多之前都不知道的事情。" #P022："我现在基本上都按照成教老师讲的步骤准备考试，有时候工作上的事情需要协调，不过都还能调得过来，如果实在调不过来，我就会请成教的同学帮忙，最后不行的话还能找学校解决。"
bbb19 强化累积	信息实践的效率和效应同步提升	#P032："我来了几次后发现有我们族的人在这里上班，而且懂汉语，我主动跟他们要了电话，现在只要有什么不懂的就问他们，因为我们都是一个族的，还有几个是我们隔壁村的，所以问起来也比较方便，他们也会很热情地回答我的问题。" #P031："我现在除了跟同事的关系比较紧密之外，跟我班上的同学也保持着联系，而且有时候，班上的同学给我的帮助更大，毕竟他们都是一群有想法的人，他们知道的事情比我同事知道的事情多很多。有时候还可以找老师的同学帮忙，最近他给我介绍了他的好几个同学，都是研究生。" #P030："到了这里以后你会发现做事情容易多了，我现在很多事情都是靠打电话问，先问同乡，他们要是不知道就请他们推荐知道的人的联系方式，然后我再问，如果还是不知道就再请他们推荐，到最后基本上能找到回答我的人。"

续表

范畴	范畴内涵	原始语句（部分）
bbb20 模式整合	信息实践的行动输出模式系统稳定	#P018："所以我现在遇到问题时基本上能知道怎么解决，如果解决不了我就打电话问他们（同族的人），他们要是不知道也会帮我问知道这些事情的人，所以我现在每个月的电话费都很高，不过后来用了包月的套餐就好多了。" #P016："我周围的人都在用智能手机，我也在用，包括我现在做模拟题，都是在手机上做了，虽然不如在书上做的效果好，但是很方便，例如我中午吃饭在公司就能做题，而且能够在网上对答案。" #P044："我后来通过他们帮忙要到了教育局办公室的电话，小孩上学的事情我基本上都是打电话找他们，后来他们有一次因为孩子户口的事情联系我，还主动告诉我人社局和派出所的电话和相应的负责人。"
bbb21 习惯改变	通过持续优化和调控改变固有的习惯	#P024："刚到这边时，我自己包括家里人生病时还是用过去的那套方法和经验，但现在觉得那些东西在这边不太管用，所以就不用了，反正就像他们说的那样，入乡随俗吧。" #P011："原先在村里的时候我睡得很早，但是现在要做的事情太多了，所以晚上都睡得比较晚，但是第二天一样要早起，刚开始的时候还是不太习惯，但是时间长了也就好了，所以我原先不会在夜里找信息，但是现在即便很晚，我也会慢慢地通过不同的渠道和方式来找第二天要用的资料。" #P034："我们基诺族人每天都是要喝茶的，我刚来公司的时候基本每天都喝茶，但是发现周围的人都在喝咖啡或奶茶，有一次我尝了一下同事的咖啡，觉得好像还不错，后来因为要备考，觉得喝咖啡更提神，就改成喝咖啡了，后来同事说我不光这个习惯变了，而且平时不爱跟陌生人说话的习惯也变了。"
bbb22 理念契合	根据遇到的问题不断吸纳新的想法	#P040："我现在基本上都固定打这个电话问事情，而且有时候会有很多小传单提供信息，虽然上面的信息不一定是真的，但有些信息却很有帮助，例如我上培训班的通知就是通过小传单获得的，原先不知道有些东西是免费的，后来才发现确实有一些东西是免费的。" #P029："我现在不会特别担心自己融入不了他们（外族人）的生活了，时间长了以后接触的东西多了，发现其实跟我们族的传统有很多相似的地方，比如他们也相信某些东西，只是跟我们信的东西不一样，而且我现在不太想回原先的村子了，因为我觉得这里还是挺好的。以前我觉得信息越少越好，现在

续表

范畴	范畴内涵	原始语句（部分）
bbb22 理念契合	根据遇到的问题不断吸纳新的想法	反而觉得外面给我的信息越多越好。" #P014："原先在我们村里，大家都觉得不能让小孩到外面去，怕他们学坏，但是现在看来，这不是绝对的，虽然城里有很多东西会让孩子学坏，但是有些东西是村里提供不了的，从教育孩子的角度来看，我觉得还是要让孩子出来，我打算让我女儿以后去昆明上学，觉得她在那里能够接触的东西更多。"
bbb23 关系拟合	在认知结构中重新拟合与信息实践的关系	#P038："其实多学点东西还是挺好的，我成教班上的同学有的去昆明读研究生了，她打算明年毕业后就留在昆明工作，而且听她说高她一届的很多同学在昆明也找到工作了，所以我也打算到时候试试看，但是我爸妈却不这样想，他们觉得女孩子读书没什么用，要我赶紧找个对象，可是我不这么认为，觉得还是要多接触些外面的东西，他们以前总说手机不好、上网不好，但是我现在每天都靠这些东西来提升自己。" #P020："我现在遇到问题不会像刚来的时候那样被动地避开它，而是主动地想办法解决，即使解决不了也没关系，而且我总是想怎样能够解决更多的问题，这是我刚来的时候想都不敢想的事情。" #P018："我女儿现在从学校回来后会告诉我很多她以前不知道的东西，她说学校组织学生去动物园，发现原来还有这么多好玩的东西，我现在问她愿不愿意回村里上学，她说肯定不愿意回去，这里比村里好多了，现在她每天回来都要上一会儿网。"
bbb24 要素衔接	尝试开展符合认知模式要求的信息实践	#P029："刚来时我什么都要找别人帮忙，现在我发现自己就能解决很多问题。现在很多事情可以找熟人打听，如果他们不知道，还可以打电话咨询当地的一些部门，他们知道很多事情，也会想办法给你解决。" #P035："我后来发现这个东西其实也没有太多的技巧，就是需要你花时间去想，去不断地琢磨，你在这个事情上琢磨的时间越长，后面遇到同样的情况时，自然而然地就会按照这个办法去做，因为它能够奏效。" #P023："我现在除了白天上班，晚上还要上课，下课之后还要完成作业，生活变得很紧凑，不过这样也好，因为我觉得这会儿的圈子比以前大多了，尤其是交际圈子，我加入了好几个微信群，里面经常有人发消息，而且那些消息对我来说都很重要，尤其是有一个关于考试的群，那里面经常更新和发布一些关于考试的东西，这些都是老师平时没讲到的。"

续表

范畴	范畴内涵	原始语句（部分）
bbb25 行为顺应	获得相对熟练的信息行为习惯和技能	#P042："我通过培训班学会了用电脑，而且发现现在很多事情都离不开电脑，自己的工作、小孩的作业、家里的各种事情都可以借助电脑来完成，包括我现在每个月记账都在电脑上记，比原来方便多了。" #P011："我最近会用智能手机了，开始不想用是因为不会打字，后来发现必须得学会，因为能省很多事情，尽管这个过程很长，但是你学会了就发现其实很多东西都是相通的。" #P024："现在基本上每天要看很多次手机，因为很多东西都在手机里，要是不用的话反而觉得不是很方便，因为生活里的很多东西都跟手机联系在一起，包括小孩上学、家里交电费等。"
bbb26 认知同化	形成相对稳定的信息认知策略和经验	#P010："我现在遇到问题时都在百度上查，不过也不是什么都能查到，但是大部分事情能基本上搞清楚，而且可以从里面找到很多线索，不管是简单的还是复杂的事情都可以。" #P030："其实只要会打字，我发现可以从网上查到很多想要的信息，这比我以前在村里的生活要方便很多，但是之前不会打字的时候还真的是很难。" #P022："我现在每个月都去一次人社局，因为那里有很多固定的消息发布，而且没有太多假信息，网上虽然信息很多，但是针对性不强，而且很多都不是真的。"
bbb27 动力汲取	从稳定和丰富的信息实践中获得动力	#P034："我现在的学习和作业都是在网上完成的，不用每次都往学校跑，基本上在家就能完成，不过有些事情还是需要往学校跑的，但不用总是跑了。" #P013："我妹妹告诉我在网上买一些东西比在商店买便宜得多，尤其是小孩的玩具，后来我学了几次也就会了，现在家里很多东西都是从网上买的。" #P029："我从在政府上班的朋友那里打听到市里的扶持政策，让我儿子参加了市里的就业技能培训班，而且是免费的，之前担心他整天闲在家里，现在他好像挺忙的，一回家就忙自己的事情，而且在里面结识了不少朋友，看上去他那些朋友都挺上进的，不像之前闲在家里时结交的那些社会青年，整天游手好闲的没什么事情做。"

续表

范畴	范畴内涵	原始语句（部分）
bbb28 主动跨越	持续跨越 信息世界 的边界和 障碍	#P028："我准备在明年成教课结束拿到毕业证后就去考研，虽然我知道这件事情比我现在做的要困难很多，但我还是想去试一试，毕竟如果试都不试就让我放弃的话我还是不甘心的，而且我不想一直都这样，还是想做出一些改变的，尤其很想去昆明看看，哪怕没考上，也要去看看。" #P024："我觉得我不像刚来的时候那样不敢去外面结交朋友了，我现在更自信了，除了我们族的人我也结交了很多外族的朋友，包括汉族、傣族、哈尼族等，觉得大家的差异其实没有想象中的那么大，关键是看你们在一起做什么事情。" #P016："我现在跟我女儿同学的家长联系比较多，不像刚开始那样，每天都局限在本族人的圈子里，老师说那样对小孩子不好，所以我们主动给她拓展交际圈，让她经常跟外族孩子接触，因为如果总是跟自己族的小孩一起玩，那她能够学到的东西就很有限，而且没有什么变化。"
bbb29 动态平衡	信息实践 与信息环 境的极端 失衡关系 被消除	#P036："总的来讲，我现在已经慢慢习惯这边的生活了，尽管节奏很快，压力也比原先在村里大很多，但已经不像刚来时那样什么都不知道，至少现在有个奔头，尤其是对家里的孩子们来说，这个很重要。" #P027："我现在基本上已经适应这种生活方式了，不像刚来的那个时候，什么事情都怕接触，总想着回去，现在要好很多了，而且我现在几乎每天都看手机，觉得好像没有手机的话做事情很不方便，你别看我女儿现在还小，其实我女儿比我更会用手机，很多东西都还是她教会我的。" #P002："现在上班时我也时不时看手机，因为群里经常有人发消息，有些消息比较重要，如果错过了，可能就会失去一些机会。"
bbb30 迭代更新	进一步寻 求信息实 践的突破 和创新	#P003："上周我朋友告诉我微信除了聊天，还能做很多事情，比如现在有很多政府部门也在上面，你只要关注他们的公众号就能收到最新的消息，而且不用总往那里跑了，后来我觉得确实比以前要方便很多，不过重要的事情还是需要亲自跑一趟的，但还是觉得比以前要方便很多。" #P011："我现在也用微信，不过基本上只用一些最简单的功能，而且我的好友很少，就只有几个熟悉的家人，像我这个年纪的人，用微信的几乎没有，所以我除了平时用来跟家里人语音视频聊天，其他功能基本上不是很懂，但我儿子说他会再"

范畴	范畴内涵	原始语句（部分）
bbb30 迭代更新	进一步寻 求信息实 践的突破 和创新	教我用其他功能，比如我看到语音留言好像很好用，他说他会教我怎么用这个功能。" #P008："我目前在网上卖茶叶，原先想都不敢想的事情现在居然也在做，而且效果不错，我最远能把茶叶卖到广东和福建了，不过刚开始做的时候确实很难，尤其是做生意这个东西，你想从别人那里学的话是不太可能的，别人也不会直接告诉你该怎么做。这些都是别人赚钱的技术，肯定不会轻易告诉你的，所以你必须自己花时间琢磨，只要肯琢磨我觉得就基本上没问题。"

参考文献

中文参考文献

安华、李香嫒、张恒新、张晓峰：《边疆少数民族地区社会保障问题研究——基于内蒙古四个人口较少民族聚居地的调查》，《保险研究》2012年第8期。

安惠娟：《地名中的文化边界：人口较少民族文化涵化研究——以裕固族鄂金尼部落居住地的地名变迁为视点》，《内蒙古社会科学》（汉文版）2016年第2期。

曹波、丁石庆：《家庭网络与人口较少民族青少年母语保持——撒拉族、鄂温克族、达斡尔族个案考察》，《青海民族研究》2016年第3期。

曹荣湘：《数字鸿沟引论：信息不平等与数字机遇》，《马克思主义与现实》2001年第6期。

陈德容：《网络环境下民族信息资源的建设与发展》，《图书馆理论与实践》2003年第2期。

陈军：《信息不平等：进城农民求职难的信息成因》，《情报科学》2006年第6期。

陈隽、李农:《上海郊区居民信息不平等因素研究》,《情报科学》
　　2013 年第 6 期。

陈全功、袁彦:《人口较少民族"两个率先":标准、模式及经验》,
　　《中南民族大学学报》(人文社会科学版) 2017 年第 6 期。

陈亚轩:《多语主义与人口较少民族文化传承中的语言教育》,《贵
　　州民族研究》2015 年第 4 期。

崔润新、陆凤红:《民族地区高校图书馆信息共享空间建设》,《图
　　书馆理论与实践》2011 年第 2 期。

戴波、张邠:《人口较少民族整乡脱贫的生态模式解读——以施甸
　　县木老元布朗族彝族乡为例》,《云南民族大学学报》(哲学社
　　会科学版) 2017 年第 5 期。

丁建军 、赵奇钊:《农村信息贫困的成因与减贫对策——以武陵山
　　片区为例》,《图书情报工作》2014 年第 2 期。

杜树海:《人口较少民族生产方式转型的模式研究——以环北部湾
　　广西京族为例》,《黑龙江民族丛刊》2013 年第 2 期。

樊振佳:《可行能力视角下的信息不平等》,《图书馆建设》2014 年
　　第 9 期。

范婷婷:《东北人口较少民族社区教育的发展与比较——以赫哲
　　族、鄂伦春族、鄂温克族、俄罗斯族为例》,《黑龙江民族丛
　　刊》2017 年第 4 期。

范颖、唐毅:《基于贫困文化论的人口较少民族文化精准扶贫研
　　究——以西藏自治区隆自县斗玉珞巴族文化扶贫为例》,《农
　　村经济》2017 年第 6 期。

傅晔、许萍:《少数民族普通群众信息利用与需求调研分析》,《图
　　书馆理论与实践》2013 年第 4 期。

高琳:《民族地区高校图书馆文献信息资源的开发与利用——以内

蒙古农业大学图书馆为例》,《图书馆理论与实践》2013 年第 1 期。

耿新、李俊杰:《广西扶持人口较少民族发展效果评价与思考》,《理论月刊》2015 年第 4 期。

耿新、李俊杰:《人口较少民族聚居区发展水平评价指标体系研究——以赫哲族、仫佬族、塔塔尔族和阿昌族为例》,《西南民族大学学报》(人文社科版) 2015 年第 10 期。

耿新:《扶持人口较少民族发展政策的演变、特点与启示》,《中南民族大学学报》(人文社会科学版) 2019 年第 1 期。

耿新:《扶持人口较少民族发展政策实施现状与评估研究——基于公共政策周期理论视角》,《西南民族大学学报》(人文社科版) 2017 年第 10 期。

耿新:《精准扶贫的差别化政策研究——以扶持人口较少民族发展为例》,《中国农业大学学报》(社会科学版) 2017 年第 5 期。

龚剑、龚主杰:《现阶段我国民族图书馆民族信息资源建设的特征分析》,《新世纪图书馆》2010 年第 3 期。

龚剑:《谈我国民族地区公众信息素质的培养》,《新世纪图书馆》2010 年第 5 期。

郭志合、陈立明:《西藏边境人口较少民族地区特色小城镇建设调查研究——以错那县勒布地区门巴民族乡为例》,《西藏大学学报》(社会科学版) 2017 年第 2 期。

韩斌:《人口较少民族自我发展能力现状与提升路径》,《学术探索》2014 年第 3 期。

何锋:《西北人口较少民族民生发展研究——以土族为例》,《西北民族大学学报》(哲学社会科学版) 2018 年第 4 期。

何立华、成艾华:《人口较少民族聚居区教育发展问题的实证研究——基于第五、六次全国人口普查的分县数据》,《民族教育研究》2016 年第 1 期。

何志鹏、孟凡生:《人口较少民族发展政策与管理机制研究》,《贵州民族研究》2013 年第 2 期。

何志鹏:《我国人口较少民族发展问题研究》,《西北民族大学学报》(哲学社会科学版) 2013 年第 4 期。

贺茂斌、刘小童:《信息贫困与区域全要素生产率》,《商业研究》2019 年第 5 期。

胡京波:《"全国文化信息资源共享工程" 与民族地区图书馆资源建设》,《图书馆论坛》2003 年第 5 期。

胡京波:《关于民族地区图书馆实现文献信息资源共建共享的思考》,《图书馆论坛》2001 年第 6 期。

胡军、王继新:《有效需求视角下的农民"信息贫困"问题》,《甘肃社会科学》2014 年第 5 期。

黄海瑛、冉从敬:《面向民族身份建构的文化信息保存路径选择研究》,《图书与情报》2014 年第 2 期。

金贞玉、金海淑:《高校地区性少数民族文献信息资源网的构建》,《情报资料工作》2005 年第 4 期。

井水:《新疆少数民族农村青年社会融合信息需求实证研究》,《图书馆论坛》2016 年第 10 期。

李成武:《探寻人口较少民族的发展之路——读〈人口较少民族实施分类发展指导政策研究〉》,《当代中国史研究》2012 年第 6 期。

李菲、马弘、赵小华、张占友:《多民族地区"农家书屋"信息资源优化路径研究》,《情报科学》2013 年第 6 期。

李钢、乔海程:《扶贫背景下农村贫困地区信息贫困度测评指标体系研究》,《农业技术经济》2017年第5期。

李鸿雁:《民族地方高校科研立项特色与用户科研信息需求的满足》,《图书情报工作》2007年第8期。

李锦云、耿新:《人口较少民族传统文化传承研究——以黑龙江省黑河市新生鄂伦春族民族乡为例》,《中南民族大学学报》(人文社会科学版)2017年第2期。

李明、张刚:《中国民族民间文化重要品种空间信息数据库整编技术及实现方法》,《青海社会科学》2011年第4期。

李韧、黄自能:《云南人口较少民族阿昌族生活质量调查分析》,《学术探索》2014年第7期。

李向玉、谢霖枫:《论人口较少民族的习惯法研究价值——兼评赵天宝所著的〈景颇族习惯规范研究〉》,《湖北民族学院学报》(哲学社会科学版)2018年第3期。

李小芳:《中国人口较少民族中学生英语学习动机研究》,《中南民族大学学报》(人文社会科学版)2012年第5期。

李长中:《"创伤"记忆与族群身份的寓言化想象——以人口较少民族文学为中心的考察》,《青海社会科学》2012年第6期。

李忠斌:《论劳动力迁移与人口较少民族人力资源开发》,《教育与经济》2012年第3期。

林艳、崔秀兰:《探讨人口较少民族发展之路——2015年中国首届赫哲族发展高峰论坛综述》,《黑龙江民族丛刊》2015年第5期。

林艳:《搭建学术研究平台,共同探讨人口较少民族发展之路——人口较少民族研究专业委员会成立大会暨第一届学术研讨会综述》,《黑龙江民族丛刊》2018年第5期。

刘博:《农民信息贫困的"脆弱性"研究——黑龙江农村地区信息

需求与消费状态调查》,《图书馆理论与实践》2017 年第 2 期。

刘虹:《西北地区少数民族特色文献信息资源共建共享的研究与探讨》,《兰州学刊》2008 年第 S1 期。

刘苏荣:《扶持人口较少民族专项项目评析——基于对云南省兰坪县的调查》,《贵州民族研究》2014 年第 2 期。

刘苏荣:《论扶持人口较少民族政策在实施中面临的问题——基于对我国 4 个人口较少民族自治县的调查》,《西南民族大学学报》(人文社会科学版)2015 年第 1 期。

刘苏荣:《论人口较少民族对农村社会救助的现实需求——基于对 8 个人口较少民族 245 户家庭的入户调查》,《湖北民族学院学报》(哲学社会科学版)2016 年第 3 期。

刘苏荣:《论人口较少民族聚居地区新型城镇化的基本策略——以云南省贡山自治县为例》,《贵州民族研究》2016 年第 8 期。

刘苏荣:《人口较少民族聚居地区教育救助的完善策略》,《贵州民族研究》2017 年第 10 期。

刘苏荣:《人口较少民族聚居地区农村反贫困策略研究——基于对我国 4 个人口较少民族自治县的调查》,《湖北民族学院学报》(哲学社会科学版)2017 年第 1 期。

刘苏荣:《人口较少民族聚居地区农村最低生活保障分析——基于对我国 3 个人口较少民族自治县的调查》,《贵州民族研究》2015 年第 6 期。

刘文光:《我国人口较少民族反贫困面临的问题及对策——以云南边境地区人口较少民族为例》,《黑龙江民族丛刊》2012 年第 1 期。

刘喜球:《西部民族地区图书馆公共信息服务体系构建初探——以湘西自治州为例》,《图书馆学研究》2011 年第 12 期。

刘霞：《高校图书馆为民族地区农牧民提供知识信息服务的思考》，《图书馆论坛》2006 年第 5 期。

刘小丹、刘泳洁：《关于西部民族地区多媒体信息数据库建设的思考》，《图书馆》2006 年第 5 期。

刘晓春：《人口较少民族的特殊性与发展对策》，《黑龙江民族丛刊》2017 年第 2 期。

刘晓凤、秧茂盛、王月娥、陈美春、刘海、祁雯：《武陵山片区民族信息资源服务平台的建设研究》，《高校图书馆工作》2015 年第 5 期。

刘兴全、肖琼、黄莉、王艳：《我国扶持人口较少民族发展政策研究——基于对云南、贵州人口较少民族发展的调研》，《西南民族大学学报》（人文社科版）2017 年第 7 期。

刘亚：《将青少年纳入信息贫困研究视野：来自青少年信息行为研究的证据》，《中国图书馆学报》2012 年第 4 期。

刘雁、张春玲：《对农村信息贫困若干问题的思考》，《河北大学学报》（哲学社会科学版）2014 年第 2 期。

陆浩东、盛小平：《困境与突围：西部民族地区用户信息消费的公共信息服务互动机制》，《图书馆论坛》2017 年第 9 期。

罗建生、易立新：《我国人口较少民族学生英语学习现状调查与思考》，《中南民族大学学报》（人文社会科学版）2012 年第 5 期。

马俊龙：《浅析民族文献信息资源开发与建设》，《图书馆工作与研究》2003 年第 6 期。

马自坤、王晋：《基于语义网技术构建少数民族文献信息资源体系》，《档案学通讯》2008 年第 1 期。

莫力、陈明君：《云南人口较少民族刀耕火种农业的土地利用智慧》，《原生态民族文化学刊》2018 年第 1 期。

甯佐斌：《多校区民族高校图书馆信息资源的优化配置研究》，《四
　　川图书馆学报》2011 年第 3 期。

欧元明：《第二轮扶持人口较少民族发展规划中期成效与思考》，
　　《中南民族大学学报》（人文社会科学版）2015 年第 4 期。

彭敏、金石：《论开办人口较少民族语言广播的必要性——以西藏
　　人口较少民族为例》，《西藏研究》2013 年第 2 期。

皮帕·诺里斯、莫非：《公民参与、信息贫困与互联网络》，《马克
　　思主义与现实》2001 年第 6 期。

朴今海、王春荣：《社会转型视域下东北地区人口较少民族的生存与
　　发展》，《北方民族大学学报》（哲学社会科学版）2018 年第
　　3 期。

朴今海、王春荣：《小民族大文化：现代化语境下人口较少民族的
　　文化传承——以东北地区人口较少民族为例》，《青海民族研
　　究》2017 年第 2 期。

起建凌：《云南人口较少民族互助行为对农村最低生活保障制度的
　　影响研究》，《云南民族大学学报》（哲学社会科学版）2015
　　年第 6 期。

秦桂芬：《现代性语境下云南人口较少民族教育观念的转变——对
　　布朗山乡曼因村委会红旗村的个案分析》，《学术探索》2016
　　年第 8 期。

沈淑渝：《试论少数民族地区文化信息资源共享工程的建设》，《西
　　南民族大学学报》（人文社会科学版）2013 年第 8 期。

宋智梁、张良祥、范锐、吴海晶：《黑龙江省人口较少民族传统体
　　育保护传承的创新思考》，《黑龙江民族丛刊》2014 年第 3 期。

孙方礼、董玲：《民族地区社区图书馆信息控制模式的构成与发

展》,《图书馆理论与实践》2004 年第 2 期。

孙红蕾、钱鹏、郑建明:《信息生态视域下新市民信息贫困成因及
　　应对策略》,《图书与情报》2016 年第 1 期。

覃熙、曹红兵:《基于用户信息行为调查的高校图书馆个性化服务
　　实证研究——以广西民族大学和广西大学为例》,《情报理论
　　与实践》2014 年第 3 期。

谭万霞:《人口较少民族权益保障之立法思考》,《广西民族研究》
　　2012 年第 3 期。

唐仲山:《〈守望远逝的精神家园——黄河上游人口较少民族非物
　　质文化抢救与保护研究〉评介》,《青海民族研究》2012 年第
　　4 期。

全艳锋、罗茂斌:《民族文献遗产隐性信息资源组织模式研究》,
　　《内蒙古社会科学》(汉文版)2013 年第 2 期。

全艳锋:《民族文献遗产隐性信息特征探讨》,《内蒙古社会科学》
　　(汉文版)2014 年第 1 期。

王德强、王峰:《云南人口较少民族发展转型研究:特征、影响因
　　素及实证分析》,《西南民族大学学报》(人文社科版)2015
　　年第 9 期。

王建、赵静、王玉平:《西部农村的信息贫困及农民信息权利维
　　护》,《图书情报工作》2007 年第 10 期。

王蒙:《民族地区图书馆文献信息资源优化整合研究》,《图书与情
　　报》2011 年第 5 期。

王瑞萍、马进:《论宗教信仰与人口较少民族青年择偶心态的关
　　系——以撒拉族、保安族为例》,《中国青年研究》2012 年第
　　12 期。

王喜梅:《浅析网络环境下民族地方文献信息资源建设与利用》,

《青海社会科学》2007 年第 1 期。

王晓芳：《苏北信息贫困地区高校图书馆信息扶贫工程建设》，《图书馆学研究》2008 年第 2 期。

王学艳：《西部开发信息先行——兼论民族文献信息资源的开发利用》，《图书馆理论与实践》2002 年第 5 期。

韦美珠、苏瑞竹：《民族地区社区图书馆信息服务》，《情报科学》2003 年第 5 期。

魏林：《东北人口较少民族经济发展研究》，《贵州民族研究》2014 年第 8 期。

翁泽仁：《现代俄罗斯人口较少民族的发展状况探析》，《世界民族》2016 年第 6 期。

吴春宝、青觉：《西藏人口较少民族的就业结构及区域迁移动向分析——以门巴族为例》，《青海民族研究》2015 年第 4 期。

吴兰：《谈民族文献信息资源建设问题》，《黑龙江民族丛刊》1999 年第 1 期。

吴良平：《新疆人口较少民族人口结构差异及其问题研究——基于第四、五、六次人口普查数据的对比分析》，《西北人口》2017 年第 2 期。

郗春嫒：《文化安全视域下人口较少民族饮食文化嬗变及走向——以云南布朗族为例》，《学术探索》2014 年第 5 期。

相丽玲、牛丽慧：《基于阿马蒂亚·森权利方法的信息贫困成因分析》，《情报科学》2016 年第 8 期。

相丽玲、牛丽慧：《信息贫困形成的经济学机理》，《图书馆理论与实践》2015 年第 10 期。

邢昭：《发展中国家在网络环境下的信息贫困》，《图书与情报》2002 年第 4 期。

徐长恩：《从"援助导向"到"发展媒介"：人口较少民族贫困人口社会救助策略的转变》，《西南民族大学学报》（人文社科版）2016 年第 4 期。

徐长恩：《资源与机会：人口较少民族的社会建设问题》，《马克思主义与现实》2014 年第 1 期。

闫丽娟、孔庆龙、李智勇：《村民城镇化意愿对人口较少民族新型城镇化进程影响的实证研究——以保安族 G 村为例》，《贵州民族研究》2017 年第 4 期。

闫丽娟、孔庆龙：《政府扶持、社会助力与农民行动——人口较少民族乡村发展的内源动力新探》，《西南民族大学学报》（人文社科版）2016 年第 7 期。

闫沙庆、隋宪忠、张利国：《内蒙古扶持人口较少民族发展政策研究》，《黑龙江民族丛刊》2013 年第 6 期。

闫沙庆、张利国：《新形势下扶持人口较少民族发展差别化政策研究》，《黑龙江民族丛刊》2016 年第 5 期。

杨峰、赵珊：《西南民族村落信息贫困：一个小世界生活情境的分析框架》，《图书馆论坛》2018 年第 8 期。

杨九迎：《人口较少民族教育问题与教育扶贫——以云南为例》，《学术探索》2016 年第 8 期。

杨筠、付耀华：《人口安全视域下的婚姻挤压问题研究——以云南省 7 个人口较少民族为例》，《西南民族大学学报》（人文社科版）2016 年第 3 期。

杨秀男：《论民族干部学院图书馆的信息服务》，《黑龙江民族丛刊》2002 年第 1 期。

杨须爱：《"人口较少民族"的扶贫开发与富民惠民——对新世纪以来裕固族聚居区扶贫开发实践的回顾及反思》，《兰州学刊》

2014 年第 10 期。

于春梅、侯思薇、吴丹:《人口较少民族口传文化保护与传承发展探析——以达斡尔族为例》,《黑龙江民族丛刊》2015 年第 2 期。

于良芝:《结构与主体能动性:信息不平等研究的理论分野及整体性研究的必要》,《中国图书馆学报》2010 年第 1 期。

于良芝、周文杰:《信息穷人与信息富人:个人层次的信息不平等测度述评》,《图书与情报》2015 年第 1 期。

于良芝:《"个人信息世界"——一个信息不平等概念的发现及阐释》,《中国图书馆学报》2013 年第 1 期。

于显中:《我国民族文献信息传递的受制因素与应对举措》,《图书情报工作》2004 年第 1 期。

余昭芬:《民族地区高校读者信息能力构建标准与差距研究》,《图书馆理论与实践》2015 年第 8 期。

张家英:《农村档案:为解除农村信息贫困服务》,《档案学研究》2005 年第 3 期。

张小倩、张月琴、杨峰:《国内外信息贫困研究进展:内涵阐释、研究设计及内容综述》,《图书馆论坛》2018 年第 8 期。

张月琴、张小倩、杨峰:《民族村落信息贫困形成机理研究——以四川凉山州彝族村落为例》,《图书馆论坛》2018 年第 8 期。

章昌平、陈洁:《试论民族地区信息资源开发与可持续发展》,《现代情报》2011 年第 12 期。

赵国忠:《甘肃民族地区公共信息服务的瓶颈及发展路向》,《新世纪图书馆》2013 年第 12 期。

赵建基、石咏梅:《新疆少数民族大学生信息素养现状及培养对策》,《四川图书馆学报》2010 年第 2 期。

赵玲玲、傅荣贤：《基于社会功能理论的信息不平等问题研究》，《图书馆》2013 年第 1 期。

赵奇钊、董坚峰、周彤：《信息贫困视野下的偏远山区农业信息平台搭建研究》，《图书情报工作》2009 年第 23 期。

赵奇钊、彭耿：《武陵山片区信息化发展水平评价与信息贫困研究》，《图书馆》2016 年第 1 期。

赵生辉：《多民族语言信息共享空间的体系架构与构建策略研究》，《图书情报知识》2016 年第 2 期。

赵生辉：《中国少数民族语言数字信息分布式共享研究》，《情报资料工作》2011 年第 3 期。

赵生辉：《中国少数民族语言网络信息资源的保存体系研究》，《情报资料工作》2012 年第 2 期。

赵生辉：《中国少数民族语言信息资源跨语种共享策略研究》，《图书馆建设》2014 年第 2 期。

赵新国、刘洁婷：《人口较少民族扶持政策实施效果调查——以云南景洪市基诺山乡为例》，《黑龙江民族丛刊》2012 年第 2 期。

赵新国、毛燕：《云南扶持人口较少民族工作的实践及其成效考察》，《云南民族大学学报》（哲学社会科学版）2012 年第 5 期。

郑素侠、张天娇：《"小世界"中的信息贫困与信息扶贫策略——基于国家级贫困县民权县的田野调查》，《当代传播》2019 年第 4 期。

郑素侠：《反贫困语境下农村地区的信息贫困：致贫机理与信息援助对策》，《郑州大学学报》（哲学社会科学版）2018 年第 2 期。

郑文瑜：《浅谈我国人口较少民族的扫盲教育》，《黑龙江民族丛刊》2012 年第 1 期。

郅秀丽:《基于信息素质教育视阈下的民族地区高校图书馆个性化服务提升策略——以宁夏大学图书馆为例》,《图书馆理论与实践》2015 年第 12 期。

钟进文:《在"失忆"与"记忆"之间——中国人口较少民族文学"跨境叙事"研究》,《民族文学研究》2018 年第 5 期。

钟梅燕:《族际通婚对人口较少民族的影响——以裕固族为例》,《中南民族大学学报》(人文社会科学版)2012 年第 2 期。

方明:《人口较少民族的扶贫与发展——以布朗族(莽人)为个案》,《黑龙江民族丛刊》2012 年第 2 期。

周灿:《试析人口较少民族非物质文化遗产的"真实性"旅游开发——以云南芒市三台山德昂族乡为例》,《黑龙江民族丛刊》2014 年第 4 期。

周惠仙、管家凤:《"桥头堡"战略下云南人口较少民族地区新农村建设研究》,《学术探索》2013 年第 2 期。

朱明:《国外少数族裔信息贫困成因及对策研究述评》,《图书馆学研究》2017 年第 10 期。

朱玉福、王军旗、伍淑花:《可持续发展视角下的人口较少民族经济发展模式研究》,《贵州民族研究》2016 年第 7 期。

朱玉福、伍淑花:《人口较少民族地区精准扶贫的成效及其经验——基于西藏边境地区南伊珞巴民族乡的调查》,《黑龙江民族丛刊》2018 年第 5 期。

朱玉福:《中国扶持人口较少民族的成就、经验及对策》,《黑龙江民族丛刊》2012 年第 5 期。

朱玉福:《中国扶持人口较少民族政策实践程度评价及思考》,《广西民族研究》2011 年第 4 期。

朱长菊、张镛:《湘鄂渝黔边民族地区信息服务的制约因素及对策》,《图书情报工作》2003 年第 9 期。

祝方林、周劲:《民族高校图书馆面向散杂居民族信息服务研究——以恩施州民族乡的农家书屋为例》,《图书情报工作》2012 年第 1 期。

英文参考文献

A. E. Foster, *A Non-linear Perspective on Information Seeking*. Dordrecht: Springer, 2006.

A. Giddens, *The Constitution of Society: Outline of the Theory of Structuration*. Cambridge: Polity Press, 1984.

A. I. Goldman, *A Theory of Human Action*. Princeton, NJ: Princeton University Press, 1970.

B. P. Frohmann, *Deflating Information: From Science Studies to Documentation*. Toronto: University of Toronto Press, 2004.

B. Dervin and B. S. Greenberg, *The Communication Environment of the Urban Poor*. Beverly Hills, CA: Sage, 1972.

B. Dervin and M. Nilan, *Information Needs and Uses*. White Plains, NY: Knowledge Industry, 1986.

B. Dervin, *From the Mind's Eye of the User: The Sense-making Qualitative Quantitative Methodology*. Englewood, CO: Libraries Unlimited, 1992.

B. Dervin, *Information as a User Construct: The Relevance of Perceived Information Needs to Synthesis and Interpretation*. Philadelphia, PA: Temple University Press, 1983.

B. Dervin, L. Foreman-Wernet, and E. Lauterbach, *Sense-making Methodology Reader: Selected Writings of Brenda Dervin*. Cresskill, NJ:

Hampton Press, 2003.

B. Dervin, M. Nilan, and T. Jacobson, *Improving Predictions of Information Use: A Comparison of Predictor Types in a Health Communication Setting.* Beverly Hills, CA: Sage, 1982.

B. Dervin, S. Ellyson, and G. Hawkes, *Information Needs of California.* Davis, CA: Institute of Governmental Affairs, University of California, 1984.

B. Dervin, T. Jacobson, and M. Nilan, *Measuring Aspects of Information Seeking: A Test of a Quantitative/qualitative Methodology.* Beverly Hills, CA: Sage, 1982.

B. Dervin, *The Everyday Information Needs of the Average Citizen: A Taxonomy for Analysis.* Chicago, IL: American Library Association, 1976.

B. Dervin, *What Methodology Does to Theory: Sense-making Methodology as Exemplar.* Medford, NJ: Information Today, 2005.

B. Glaser and A. Strauss, *The Discovery of Grounded Theory: Strategies for Qualitative Research.* Chicago, IL: Aldine Publishing Co. , 1967.

C. Chen and P. Hernon, *Information-seeking: Assessing and Anticipating User Needs.* New York: Neal-Schuman, 1982.

C. J. Fox, *Information and Misinformation.* Westport, CT: Greenwood Press, 1983.

C. M. Dixon, *Strength of Weak Ties.* Medford, NJ: Information Today, 2005.

C. Atkin, *Instrumental Utilities and Information-seeking.* Beverly Hills, CA: Sage, 1973.

C. Edwards, R. Fox, and S. Gillard, *Explaining Health Managers' Information Seeking Behavior and Use.* London: National Institute for Health

Research, Service Delivery and Organization Programme, 2013.

C. Geertz, *The Interpretation of Culture*. New York: Basic Books, 1973.

E. A. Chatman, *The Information World of Retired Women*. Westport, CT: Greenwood Press, 1992.

E. Diener and R. Crandall, *Ethics in Social and Behavioral Research*. Chicago, IL: University of Chicago Press, 1978.

E. Babbie, *The Practice of Social Research*. Belmont, CA: Wadsworth Publishing, 2015.

E. Davenport, *Confessional Methods and Everyday Life Information Seeking*. Medford, NJ: Information Today, 2010.

E. Goffman, *The Presentation of Self in Everyday Life*. New York: Doubleday, 1959.

G. Bateson, *Steps to an Ecology of Mind*. New York: Ballantine Books, 1972.

H. Gardner, *The Mind's New Science: A History of the Cognitive Revolution*. New York: Basic Books, 1985.

I. Hacking, *The Social Construction of What?* Cambridge, MA: Harvard University Press, 1999.

J. Campbell, *Grammatical Man: Information, Entropy, Language, and Life*. New York: Touchstone, 1982.

J. Habermas, *Communication and the Evolution of Society*. Boston, MA: Beacon Press, 1979.

J. Habermas, *Lifeworld and System: A Critique of Functionalist Reason*. New York: Polity Press, 1987.

J. Hartel, *Serious Leisure*. Medford, NJ: Information Today, 2005.

K. E. Fisher and H. Julien, *Information Behavior*. Medford, NJ: Information Today, 2009.

K. E. Fisher and C. F. Landry, *Understanding the Information Behavior of Stay-at-home Mothers through Affect*, *Information and Emotion*: *The Emergent Affective Paradigm in Information Behavior Research and Theory*. Medford, NJ: Information Today, 2007.

K. E. Fisher, *Information Grounds*. Medford, NJ: Information Today, 2005.

K. E. Fisher, S. Erdelez, and L. E. McKechnie, *Theories of Information Behavior*. Medford, NJ: Information Today, 2005.

K. Barzilai-Nahon, *Network Gatekeeping*. Medford, NJ: Information Today, 2005.

K. Charmaz, *Constructing Grounded Theory*: *A Practical Guide Through Qualitative Analysis*. Thousand Oaks, CA: Sage, 2014.

L. Donohew and L. Tipton, *A Conceptual Model of Information Seeking*, *Avoiding and Processing*. Beverly Hills, CA: Sage, 1973.

L. M. Given, *Social Positioning*, *Theories of Information Behavior*. Medford, NJ: Information Today, 2005.

L. M. Given, *The Sage Encyclopedia of Qualitative Research Methods*. Los Angeles, CA: Sage, 2008.

L. Donohew, M. Nair, and S. Finn, *Automaticity*, *Arousal*, *and Information Exposure*. Beverly Hills, CA: Sage, 1984.

M. J. Bates, *An Introduction to Metatheories*, *Theories*, *and Models*. Medford, NJ: Information Today, 2005.

M. J. Bates, *Berry Picking*. Medford, NJ: Information Today, 2005.

M. S. Granovetter, *The Strength of Weak Ties*: *A Network Theory Revisited*. Beverly Hills, CA: Sage, 1982.

M. De Certeau, *The Practice of Everyday Life*, Berkeley, CA: University of California Press, 1984.

M. Fishbein and I. Ajzen, *Belief, Attitude, Intention and Behavior: An Introduction to Theory and Research*, Reading, MA: Addison Wesley Publishing Company, 1975.

N. J. Belkin, *Anomalous State of Knowledge*, Medford, NJ: Information Today, 2005.

N. Caidi, D. Allard, and L. Quirke, *The Information Practices of Immigrants*. Medford, NJ: Information Today, 2010.

C. W. Conaway, R. M. Harris, and P. Dewdney, *Barriers to Information: How Formal Help Systems Fail Battered Women*. Westport, CT: Greenwood Press, 1994.

R. A. Twood and B. Dervin, *Challenges to Sociocultural Predictors of Information Seeking: A Test of Race vs Situation Movement State*. New Brunswick, NJ: Transaction Books, 1982.

R. Fidel, *Human Information Interaction: An Ecological Approach to Information Behavior*. Cambridge, MA: MIT Press, 2012.

S. J. Chang, *Chang's Browsing*. Medford, NJ: Information Today, 2005.

S. Chaffee, *Communication Concepts 1: Explication*. Newbury Park, CA: Sage, 1991.

S. Fish, *Is There a Text in This Class? The Authority of Interpretive Communities*. Cambridge, MA: Harvard University Press, 1987.

S. Freud, *Jokes and Their Relation to the Unconscious*. New York: Norton, 1960.

T. A. Finholt, *Collaboratories*. Medford, NJ: Information Today, 2002.

T. D. Afifi and W. A. Afifi, *Uncertainty, Information Management, and Disclosure Decisions: Theories and Applications*. NY: Routledge,

2009.

T. Childers and J. Post, *The Information-poor in America.* Metuchen, NJ: Scarecrow, 1975.

V. Freimuth, J. Stein, and T. Kean, *Searching for Health Information: The Cancer Information Service Model.* Philadelphia, PA: University of Pennsylvania Press, 1989.

W. M. Goldstein and R. M. Hogarth, *Research on Judgment and Decision-making: Currents, Connections and Controversies.* NY: Cambridge University Press, 1997.

W. R. Garner, *Uncertainty and Structure as Psychological Concepts.* NY: Wiley, 1962.

W. Aspray and B. Hayes, *Everyday Information: The Evolution of Information Seeking in America.* Cambridge, MA: MIT Press, 2011.

W. Donnelly, *The Confetti Generation: How the New Communications Technology is Fragmenting America.* NY: Henry Holt, Company, 1986.

A. E. Foster and D. Ellis, "Serendipity and Its Study", *Journal of Documentation* 70 (2014).

A. F. Farhoomand and D. H. Drury, "Managerial Information Overload", *Communications of the ACM* 45 (2002).

A. Foster and N. Ford, "Serendipity and Information Seeking: An Empirical Study", *Journal of Documentation* 59 (2003).

A. Badia, "Information, Knowledge: An Information Science Analysis", *Journal of the American Society for Information Science and Technology* 65 (2014).

A. Foster and C. Urquhart, "Modelling Nonlinear Information Behavior:

Transferability and progression", *Journal of Documentation* 68 (2012).

A. Foster, "A Nonlinear Model of Information-seeking Behavior", *Journal of the American Society for Information Science and Technology* 55 (2004).

A. Foster, C. Urquhart, and J. Turner, "Validating Coding for a Theoretical Model of Information Behavior", *Information Research* 13 (2008).

A. Goulding, "Information Poverty or Overload?" *Journal of Librarianship and Information Science* 33 (2001).

A. Hardy, "The Selection of Channels When Seeking Information: Cost/Benefit vs Least Effort", *Information Processing and Management* 18 (1982).

B. Dervin and P. Dewdney, "Neutral Questioning: A New Approach to the Reference Interview", *RQ* 25 (1986).

B. Dervin, "Comparative Theory Reconceptualized: From Entities and States to Processes and Dynamics", *Communication Theory* 1 (1991).

B. Dervin, "More Will Be Less Unless: The Scientific Humanization of Information Systems", *National Forum* 63 (1983).

B. Dervin, "On Studying Information Seeking Methodologically: The Implications of Connecting Metatheory to Method", *Information Processing and Management* 35 (1999).

B. Dervin, "Strategies for Dealing with Human Information Needs: Information or Communication?" *Journal of Broadcasting* 20 (1976).

B. Dervin, "Useful Theory for Librarianship: Communication, not Information", *Drexel Library Quarterly* 13 (1977).

B. Dervin, "Users as Research Inventions: How Research Categories Perpetuate Inequities", *Journal of Communication* 39 (1989).

C. W. Choo and I. Nadarajah, "Early Warning Information Seeking in the 2009 Victorian Bushfires", *Journal of the American Society for Information Science and Technology* 65 (2014).

C. Chu, "Literary Critics at Work and Their Information Needs: A Research Phases Model", *Library and Information Science Research* 21 (1999).

C. Cole, "Operationalizing the Notion of Information as A Subjective Construct", *Journal of the American Society for Information Science* 45 (1994).

C. Cole, "Shannon Revisited: Information in Terms of Uncertainty", *Journal of the American Society for Information Science* 44 (1993).

C. Gaziano, "Forecast 2000: Widening Knowledge Gaps", *Journalism and Mass Communication Quarterly* 74 (1997).

D. C. Giles, S. Pietrzykowski, and K. E. Clark, "The Psychological Meaning of Personal Record Collections and the Impact of Changing Technological Forms", *Journal of Economic Psychology* 28 (2007).

D. E. Abrahamson and J. Goodman-Delahunty, "The Impact of Organizational Information Culture on Information Use Outcomes in Policing: An Exploratory Study", *Journal of Information Research* 18 (2013).

D. O. Case, "Enthusiasts, Deregulators, Guardians and Skeptics: Contrasting policy Views of the National Information Infrastructure", *Library and Information Science Research* 20 (1994).

D. O. Case, "The Social Shaping of Videotex: How Information Services for the Public have Evolved", *Journal of the American Society for Information Science* 45 (1998).

D. O. Case, J. D. Johnson, and J. E. Andrews, "Avoiding Versus Seeking: The Relationship of Information Seeking to Avoidance, Blunting, Coping, Dissonance and Related concepts", *Journal of the Medical Libraries Association* 93 (2005).

D. Allen and T. D. Wilson, "Information Overload: Context and Causes", *The New Review of Information Behavior Research* 4 (2003).

D. Allen, "Information Behavior and Decision Making in Time-constrained Practice: A Dual Processing Perspective", *Journal of the American Society for Information Scienceand Technology* 62 (2011).

D. Allen, S. Karanasios, and M. Slavova, "Working with Activity Theory: Context, Technology, and Information Behavior", *Journal of American Society for Information Science and Technology* 62 (2011).

D. Bawden and L. Robinson, "The Dark Side of Information: Overload, Anxiety and Other Paradoxes and Pathologies", *Journal of Information Science* 35 (2009).

D. Flaxbart, "Conversations with Chemists: Information-seeking Behavior of Chemistry Faculty in the Electronic Age", *Science and Technology Libraries* 21 (2001).

D. Jason, "Information Technology and Productivity in Developed and Developing Countries", *Journal of Management Information Systems* 30 (2013).

E. A. Chatman and V. Pendleton, "Knowledge Gap, Information Seeking and the Poor", *The Reference Librarian* 49 (1995).

E. A. Chatman, "A Theory of Life in the Round", *Journal of the Ameri-*

can Society for Information Science 50 (1999).

E. A. Chatman, "Alienation Theory: Application of a Conceptual Frame-work to a Study of Information among Janitors", *RQ* 29 (1990).

E. A. Chatman, "Diffusion Theory: A Review and Test of a Conceptual Models in Information Diffusion", *Journal of the American Society for Information Science* 37 (1986).

E. A. Chatman, "Framing Social Life in Theory and Research", *The New Review of Information Behavior Research* 1 (2000).

E. A. Chatman, "Life in a Small World: Applicability of Gratification Theory to Information-seeking Behavior", *Journal of the American Society for Information Science* 42 (1991).

E. A. Chatman, "The Impoverished Life-world of Outsiders", *Journal of the American Society for Information Science* 47 (1996).

E. Florio and J. DeMartini, "The Use of Information by Policymakers at the Local Community Level", *Knowledge: Creation, Diffusion, Utilization* 15 (1993).

I. Ekoja, "Sensitizing Users for Increased Information Use: The Case of Nigerian Farmers", *African Journal of Library, Archives, Information Science* 14 (2004).

J. Agada, "Inner-city Gatekeepers: An Exploratory Survey of Their Information Use Environment", *Journal of the American Society for Information Science* 50 (1999).

J. Foster, "Understanding Interaction in Information Seeking and Use as a Discourse: A Dialogic Approach", *Journal of Documentation* 65 (2009).

J. Haider and D. Bawden, "Conceptions of 'Information poverty' in LIS:

A Discourse Analysis", *Journal of Documentation* 63 (2007).

K. E. Fisher, E. Marcoux, and L. S. Miller, "Information Behavior of Migrant Hispanic Farm Workers and Their Families in the Pacific Northwest", *Information Research* 10 (2004).

K. E. Fisher, J. C. Durrance, and M. B. Hinton, "Information Grounds and the Use of Need-based Services by Immigrants in Queens", *Journal of the American Society for Information Science and Technology* 55 (2004).

K. Dali, "Reading by Russian-speaking Immigrants in Toronto: Use of Public Libraries, bookstores, and Home Book Collections", *The International Information and Library Review* 36 (2004).

K. Dali, "Reading Their Way Through Immigration: The Leisure Reading Practices of Russian-speaking Immigrants in Canada", *Library and Information Science Research* 34 (2012).

K. Eriksson-Backa, "Access to Health Information: Perceptions of Barriers among Elderly in a Language Minority", *Information Research* 13 (2008).

K. Eriksson-Backa, "Elderly People, Health Information, and Libraries: A Small-scale Study on Seniors in a Language Minority", *Libri* 60 (2010).

K. Fisher, C. Naumer, and J. Durrance, "Something Old, Something New: Preliminary Findings from An Exploratory Study About People's Information Habits and Information Grounds", *Information Research* 10 (2005).

K. Friday, "Learning From E-family History: A Model of Online Family Historian Research Behavior", *Information Research* 19 (2014).

L. K. Gundry and D. M. Rousseau, "Critical Incidents in Communicating Culture to Newcomers", *Human Relations* 47 (1994).

L. M. Baker, "The Nature of the Information Needed by Women with Multiplesclerosis", *Library and Information Science Research* 16 (1996).

L. Donohew, L. Tipton, and R. Haney, "Analysis of Information-seeking strategies", *Journalism Quarterly* 55 (1978).

L. Freund, "Contextualizing the Information-seeking Behavior of Software Engineers", *Journal of the Association for Information Science and Technology* 66 (2015).

M. A. Harlan, C. S. Bruce, and M. Lupton, "Creating and Sharing: Teens' Information Practices in Digital Communities", *Information Research* 19 (2014).

M. F. Cavanagh, "Interpreting Reference Work with Contemporary Practice Theory", *Journal of Documentation* 69 (2013).

M. G. Flaherty, "Consumer Health Information Provision in Rural Public Libraries: A Comparison of Two Library Systems", *Library Quarterly: Information, Community, Policy* 83 (2013).

M. J. Bates, "Toward an Integrated Model of Information Seeking and Searching", *The New Review of Information Behavior Research* (2002).

M. S. Granovetter, "The Strength of Weak Ties", *American Journal of Sociology* 73 (1973).

M. Allen, S. Matthew, and M. J. Bolland, "Working with Immigrant and Refugee Populations: Issues and Hmong Case Study", *Library Trends* 53 (2004).

M. Ansari and N. Zuberi, "Information Seeking Behavior of Media Pro-
fessionals in Karachi Malaysian", *Journal of Library and Informa-
tion Science* 15 (2010).

M. Dawson and E. A. Chatman, "Reference Group Theory with Implica-
tions for Information Studies: A theoretical essay", *Information Re-
search* 6 (2001).

M. Fricke, "Information Using Likeness Measures", *Journal of the A-
merican Society for Information Science* 48 (1997).

N. J. Belkin, "Information Concepts for Information Science", *Journal
of Documentation* 34 (1978).

N. J. Belkin & S. Robertson, "Information Science and the Phenomenon
of Information", *Journal of the American Society for Information
Science* 27 (1976).

N. T. Adewale and Y. Mansor, "Information Sources Used by Nigerian Law-
yers for Task-related Activities", *Libri* 64 (2014).

N. Agarwal, Y. Xu, and D. Poo, "A Context-based Investigation into
Source Use by Information Seekers", *Journal of the American Society
for Information Science and Technology* 62 (2011).

N. Awamura, "Rethinking the Information Behavior Model of Information
Encountering: An Analysis of the Interviews on Information Encoun-
tering on the Web", *Library and Information Science* 55 (2006).

N. Caidi and D. Allard, "Social Inclusion of Newcomers to Canada: An
Information Problem?" *Library and Information Science Research* 27
(2005).

N. Ford, "Creativity and Convergence in Information Science Research:
The Roles of Objectivity and Subjectivity, Constraint, and Con-

trol", *Journal of the American Society for Information Science and Technology* 55 (2004).

N. Ford, "Modelling Cognitive Processes in Information Seeking: From Popper to Pask", *Journal of the American Society for Information Science and Technology* 55 (2004).

N. Ford, "Towards a Model of Learning for Educational Informatics", *Journal of Documentation* 60 (2003).

N. Godbold, "An Information Need for Emotional Cues: Unpacking the Role of Emotions in Sense Making", *Information Research* 18 (2013).

N. Godbold, "Beyond Information Seeking: Towards a General Model of Information Behavior", *Information Research* 11 (2006).

P. G. Gerstberger and T. J. Allen, "Criteria Used by Research and Development Engineers in the Selection of an Information Source", *Journal of Applied Psychology* 52 (1968).

R. Audunson, S. Essmat, and S. Aabo, "Public Libraries: A Meeting Place for Immigrant Women", *Library and Information Science Research* 33 (2011).

R. F. Carey, L. E. F. McKechnie, and P. J. McKenzie, "Gaining Access to Everyday Life Information Seeking", *Library and Information Science Research* 23 (2001).

R. J. Gerrig and D. A. Prentice, "The Representation of Fictional Information", *Psychologial Science* 2 (1991).

R. J. Griffin, S. Dunwoody, and K. Neuwirth, "Proposed Model of the Relationship of Risk Information Seeking and Processing to the Development of Preventive Behaviors", *Environmental Research* 80

（1999）.

R. L. Derr, "A Conceptual Analysis of Information Need", *Information Processing and Management* 19 （1983）.

R. L. Derr, "The Concept of Information in Ordinary Discourse", *Information Processing and Management* 21 （1985）.

R. M. Harris, C. N. Wathen, and J. M. Fear, "Searching for Health Information in Rural Canada, Where Do Residents Look for Health Information and What Do They Do When They Find it?" *Information Research* 12 （2006）.

R. M. Harris, T. C. Veinot, and L. Bella, "A Relational Perspective on HIV/ AIDS Information Behavior in Rural Canada", *Libri* 60 （2010）.

R. Darnton, "Paris: The Early Internet", *The New York Review of Books* 97 （2000）.

R. Fidel and M. Green, "The Many Faces of Accessibility: Engineers' Perception of Information Sources", *Information Processing Management* 40 （2004）.

R. Fidel, A. M. Pejtersen, and B. Cleal, "A Multidimensional Approach to the Study of Human-information Interaction: A Case Study of Collaborative Information Retrieval", *Journal of the American Society for Information Science and Technology* 55 （2004）.

R. Matthew, "Social Capital and Inclusion in Rural Public Libraries: A Qualitative Approach", *Journal of Librarianship and Information Science* 46 （2014）.

S. C. Huang, "Establishing a Social Entrepreneurial System to Bridge the Digital Divide for the Poor: A Case Study for Taiwan", *Journal of Universal Access Information Society* 25 （2016）.

S. K. Cibangu, "A Memo of Qualitative Research for Information Science: Toward Theory construction", *Journal of Documentation* 69 （2013）.

S. K. Genuis, "Constructing 'Sense' from Evolving Health Information: A Qualitative Investigation of Information Seeking and Sense Making Across Sources", *Journal of the American Society for Information Science and Technology* 63 （2012）.

S. Allard, K. J. Levine, and C. Tenopir, "Design Engineers and Technical Professionals at Work: Observing Information Usage in the Workplace", *Journal of the American Society for Information Science and Technology* 60 （2009）.

S. Apted, "General Purposive Browsing", *Library Association Record* 73 （1971）.

S. Artandi, "Information Concepts and Their Utility", *Journal of the American Society for Information Science* 24 （1973）.

S. Attfield, A. Blandford, and J. Dowell, "Information Seeking in the Context of Writing: A Design Psychology Interpretation of the 'problematic situation'", *Journal of Documentation* 59 （2003）.

S. Beer, "Information Flow and Peripherality in Remote Island Areas of Scotland", *Libri* 54 （2004）.

S. Ek and G. Widen-Wulff, "Information Mastering, Perceived Health and Societal Status: An Empirical Study of the Finnish Population", *Libri* 58 （2008）.

S. Erdelez and S. Makri, "Introduction to the Thematic Issue on Opportunistic Discovery ofInformation", *Information Research* 16 （2011）.

S. Erdelez, "Information Encountering: It's More than Bumping into Information", *Bulletin of the American Society for Information Science* 25 (1999).

S. Erdelez, "Investigation of Information Encountering in the Controlled Research Environment", *Information Processing Management* 40 (2004).

S. Folkman, "Personal Control and Stress and Coping Processes: A Theoretical Analysis", *Journal of Personality and Social Psychology* 46 (1984).

T. Elly and E. Silayo, "Agricultural Information Needs and Sources of the Rural Farmers in Tanzania: A Case of Iringa Eural District", *Library Review* 62 (2013).

W. Gantz, M. Fitzmaurice, and E. Fink, "Assessing the Active Component of Information-seeking", *Journalism Quarterly* 68 (1991).

W. Kirsty, "Developing and Sustaining a Sense of Place: The Role of Social Information", *Journal of Library and Information Science Research* 32 (2010).

图书在版编目（CIP）数据

云南人口较少民族信息贫困研究 / 朱明著. -- 北京：
社会科学文献出版社，2021.7
ISBN 978 - 7 - 5201 - 8386 - 4

Ⅰ.①云… Ⅱ.①朱… Ⅲ.①少数民族 - 民族地区 -
信息化 - 研究 - 云南 Ⅳ.①G201

中国版本图书馆 CIP 数据核字（2021）第 089755 号

云南人口较少民族信息贫困研究

著　　者 / 朱　明

出 版 人 / 王利民
责任编辑 / 李建廷

出　　版 / 社会科学文献出版社·人文分社（010）59367215
　　　　　地址：北京市北三环中路甲 29 号院华龙大厦　邮编：100029
　　　　　网址：www. ssap. com. cn
发　　行 / 市场营销中心（010）59367081　59367083
印　　装 / 北京玺诚印务有限公司

规　　格 / 开本：787mm × 1092mm　1/16
　　　　　印张：14.5　字数：176 千字
版　　次 / 2021 年 7 月第 1 版　2021 年 7 月第 1 次印刷
书　　号 / ISBN 978 - 7 - 5201 - 8386 - 4
定　　价 / 128.00 元

本书如有印装质量问题，请与读者服务中心（010 - 59367028）联系